BASTELN MIT STOFF, WOLLE, BAST

NEUER TESSLOFF VERLAG

Unter der Leitung der Abteilung für Kinder-und Jugendbücher des Altea-Verlages waren an der Zusammenstellung dieses Buches folgende Personen beteiligt:

BEARBEITER-TEAM

Constantino Valero
Diplom der Hochschule für Bildende Künste

Josefina Fuentes
Diplom der Hochschule für Bildende Künste

José Vento
Nationalpreis für Malerei 1967

ZEICHNUNGEN

Francisco Carreño
Alberto Fernández

BILDER

Goyenechea

KOORDINATION

Carmen Pascual
Lizentiat in Psychologie und Pädagogik

Neuer Ressloff Verlag, Hamburg.
Bernadottestr. 209
Aus dem Spanischen von Karin Melder
Printed in Spain
Litoprint, S. A. Fuenlabrada (Madrid).
D. L. M. 18.710-1974
ISBN 37-886-0326-7

BAND 3

BASTELN MIT STOFF, WOLLE, BAST

4 bis 6 Jahre

6 bis 8 Jahre

8 bis 10 Jahre

10 bis 12 Jahre

12 bis 14 Jahre

BASTELN MIT STOFF, WOLLE, BAST ist der dritte Band der TESSLOFF-BASTELBÜCHER. Er enthält etwa neunzig Bastelarbeiten. Jede einzelne ist Schritt für Schritt mit farbigen Zeichnungen und Fotos erklärt.

Die Kästchen mit den farbigen Zeichen vor jeder Bastelarbeit geben an, für welches Alter der Vorschlag gedacht ist. Natürlich soll dies nur ein Anhaltspunkt sein. Wer mit einer Bastelarbeit vorerst nicht weiterkommt, sucht sich eine etwas leichtere aus und versucht die schwierigere später noch einmal.

Bevor ihr mit einer Bastelarbeit beginnt, sucht euch alles Material zusammen, das am Anfang im Kästchen angegeben ist. Wenn ihr irgendetwas nicht bekommen könnt, überlegt, ob ihr stattdessen nicht etwas anderes nehmen könnt.

Das Material Stoff kann in allen Arten verwendet werden. Wir zeigen in diesem Buch auch, wie das Material verarbeitet werden soll. In manchen Beispielen müssen die Stoffstücke zusammengenäht werden, in anderen werden sie einfach nur geklebt. Am besten verwendet ihr dazu einen Allzweck-Klebstoff, den ihr auch für alle anderen Klebearbeiten in diesem Buch benutzen könnt.

Die Materialien Wolle, Bast und Kordel sind sich in der Verarbeitung sehr ähnlich. Ihr könnt Kordel statt Bast verwenden, und wenn ihr besonders kräftige Farben wollt, eignet sich Wolle oft am besten. Es ist schwierig, mit Bast gleichmäßig zu arbeiten, und wir schlagen dies Material nur vor, wo es zum Weben, Sticken oder Bespannen gedacht ist.

Einige der Modelle, wie die Hunde und Katzen, müssen ausgestopft werden. Als Füllmaterial benutzt man am besten Schaumgummiflocken, aber auch Stoffreste, Watte oder sogar Sägemehl sind geeignet. Am besten nehmt ihr das, was ihr am leichtesten bekommen könnt.

Die in diesem Buch abgebildeten Bastelarbeiten sind, wie wir hoffen, originell und brauchbar. Wenn ihr erst die Grundtechnik der Verarbeitung von Stoff, Wolle und Bast beherrscht, könnt ihr auch eure eigenen Entwürfe basteln.

HÄKELN MIT DEN FINGERN

Eine solche Kette brauchst du für viele Bastelarbeiten in diesem Buch. Sie wird meistens mit einer Häkelnadel gemacht. Wir wollen dir aber hier zeigen, wie es auch nur mit den Fingern geht.

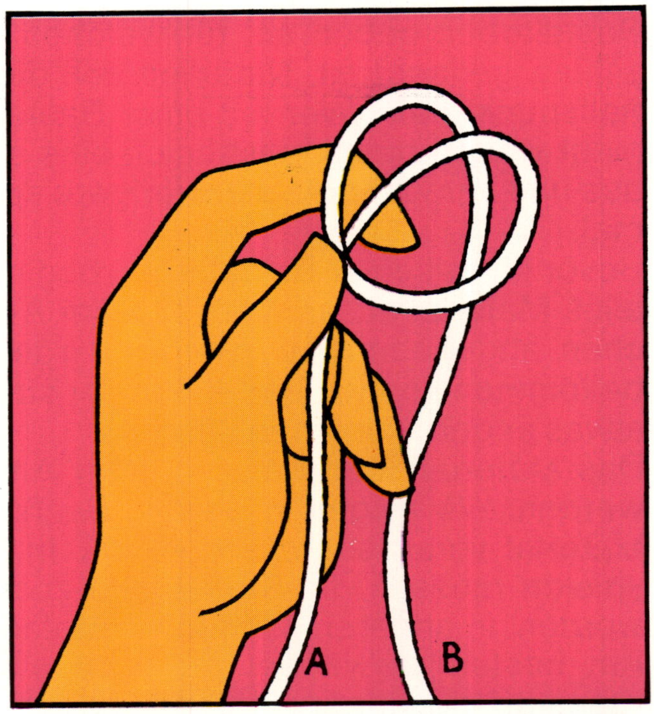

Schlinge einen Wollfaden so, wie du es hier siehst.

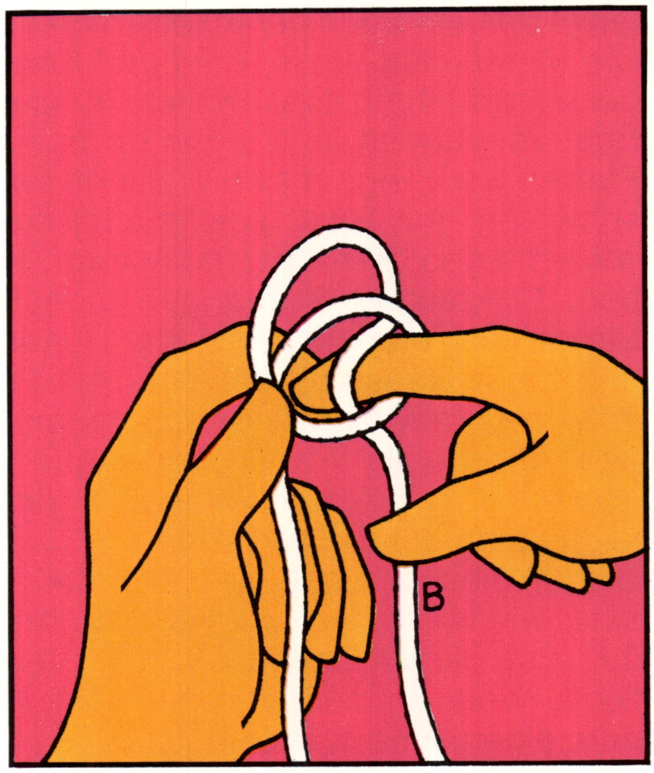

Ziehe **B** durch die Schlinge, wie es auf dem Bild zu sehen ist.

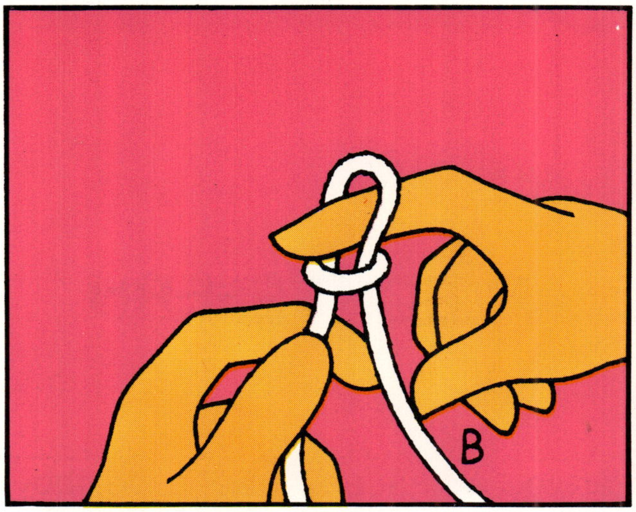

Ziehe **B** nach oben.

Ziehe **B** nun durch die neue Schlinge. Mache so weiter.

Du kannst dazu auch Bast oder Kordel nehmen.

MATERIAL:
- **bunte Wolle**
- **Schere**
- **Nadel und Faden**

FLECHTEN

Schneide dir gleich lange, verschiedenfarbige Wollfäden zu. Nähe die oberen Enden um, damit sie nicht ausfransen.

Beginne mit dem ersten Faden von rechts zu flechten. Lege ihn abwechselnd über und unter die nächsten Fäden. Tu das gleiche mit dem Faden, der nun rechts außen liegt.

Mit solchen geflochtenen Borten kannst du Säume verzieren und grobere Stoffe wie Leinen oder Segeltuch hübsch einfassen.

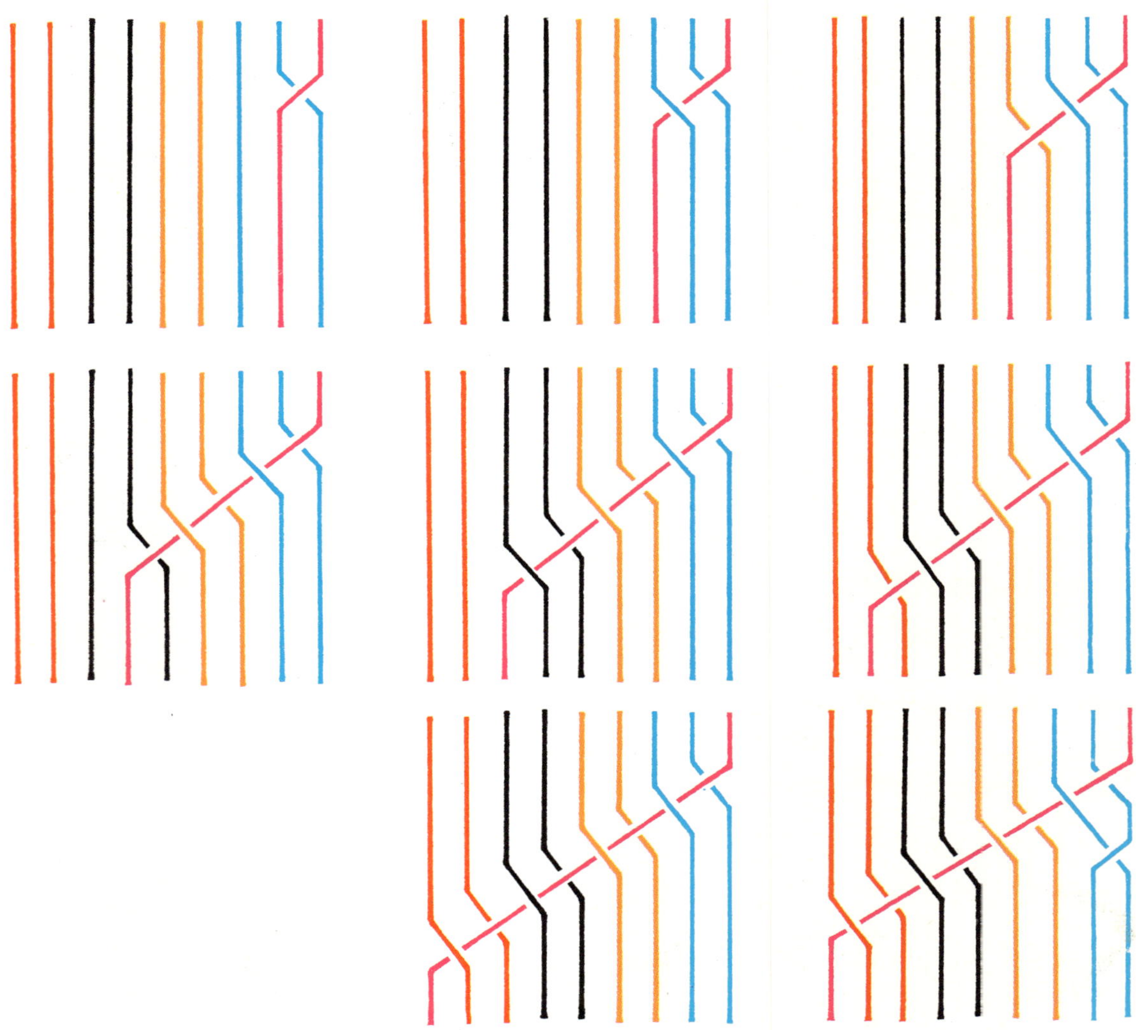

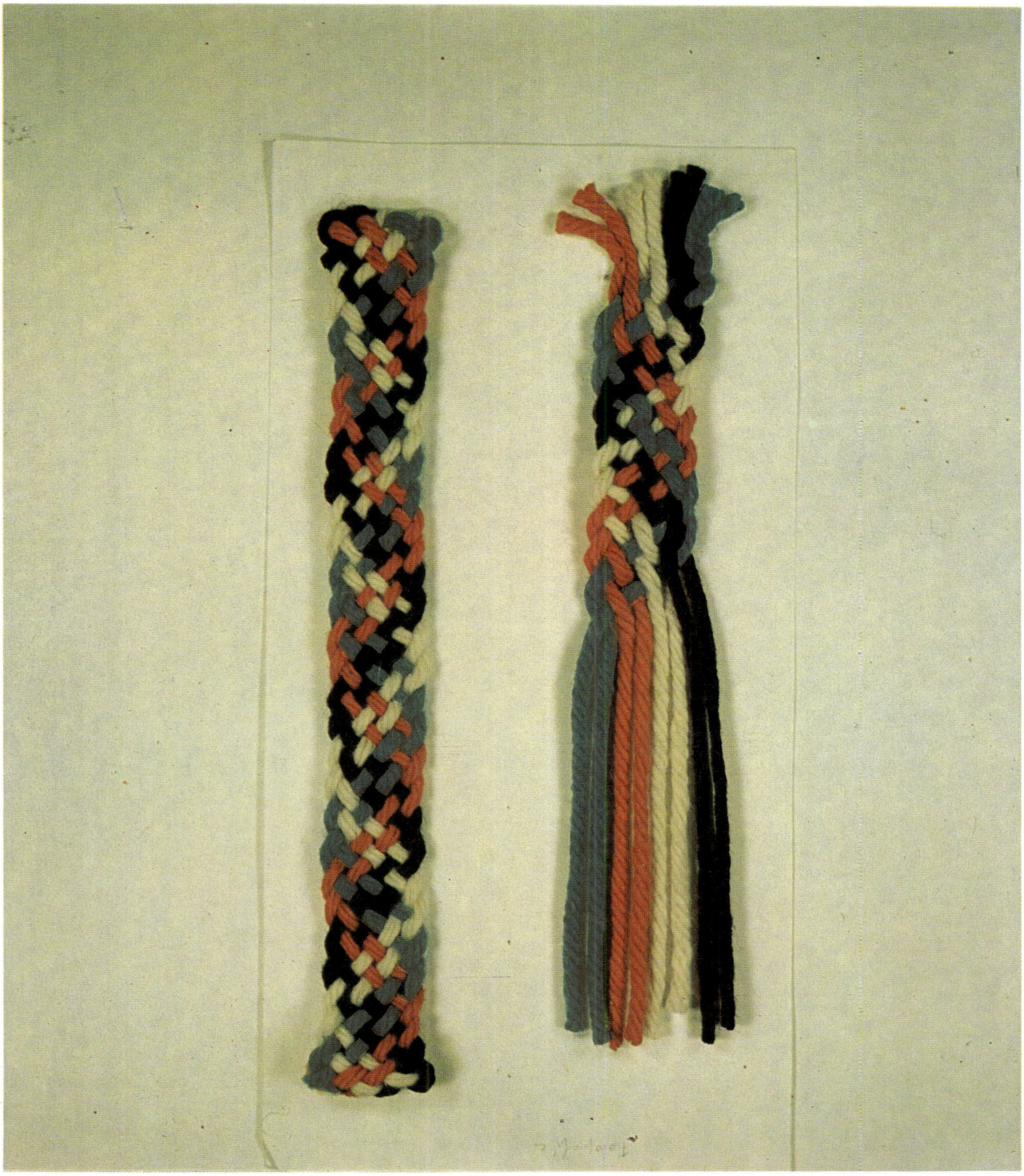

MATERIAL:
- **vier Stücke Kordel**
- **bunte Wollfäden**
- **vier kleine Glöckchen**
- **Nadel und Faden**
- **Schere**

GLÖCKCHEN

Schneide vier Stücke Kordel und ein paar bunte Wollfäden gleich lang zu. Mit einem Knoten werden alle zusammengehalten.

Beginne gleich unter dem Knoten zu flechten. Der erste und zweite Strang besteht jeweils aus zwei Kordeln, den dritten bilden die bunten Wollfäden.

Verflechte die Enden nicht. Biege sie nach oben und binde sie mit einem Wollfaden am Ende des Zopfes fest, so wie du es auf dem großen Bild siehst. Befestige unten an der Schlinge ein paar kleine Glöckchen.

Wenn du die Glöckchen an eine Tür hängst, sind sie ein hübscher Zimmerschmuck und klingeln lustig, wenn die Tür auf- oder zugemacht wird.

MATERIAL:
- Stoff
- Filzstifte
- Sägemehl
- Nadel, Faden
- Schere

NILPFERD

Schneide aus dem Stoff zwei Schablonen.

Nähe sie mit kleinen Stichen zusammen. Laß ein Stück Naht offen. Fülle das Nilpferd mit Sägemehl und nähe es ganz zu.

Bemale das Nilpferd mit dicken Filzstiften oder beklebe es mit bunten Stoffresten.

MATERIAL:
- **Karton**
- **Schere**
- **roter und weißer Bast**

WEBEN MIT BAST

Bast wird gewöhnlich wie Wolle in Docken verkauft. Am besten wickelt man ihn zuerst zu einem Knäuel auf, damit er sich nicht verheddert.

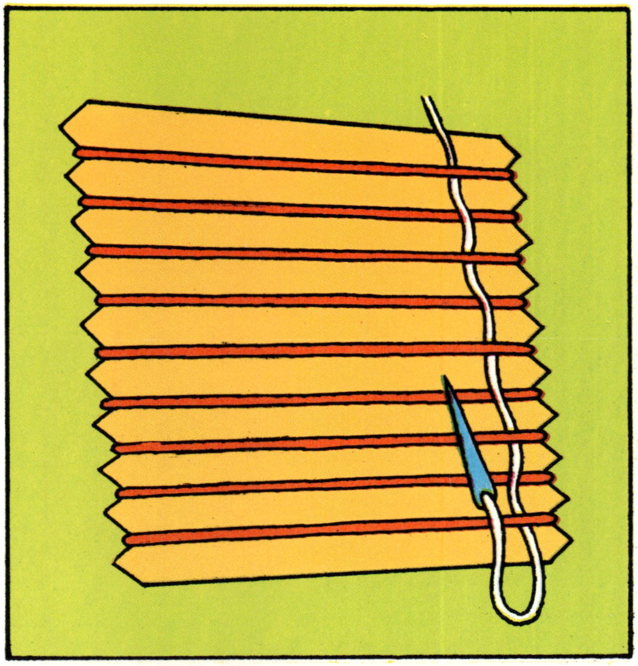

Nimm ein Stück Karton und schneide die Seiten in Zacken, so wie auf dem Bild. Wickle den roten Bast um die Pappe und achte darauf, daß der Faden stramm aufliegt. Nun webe den weißen Bast durch den roten, indem du ihn abwechselnd unter und über den roten Faden ziehst.

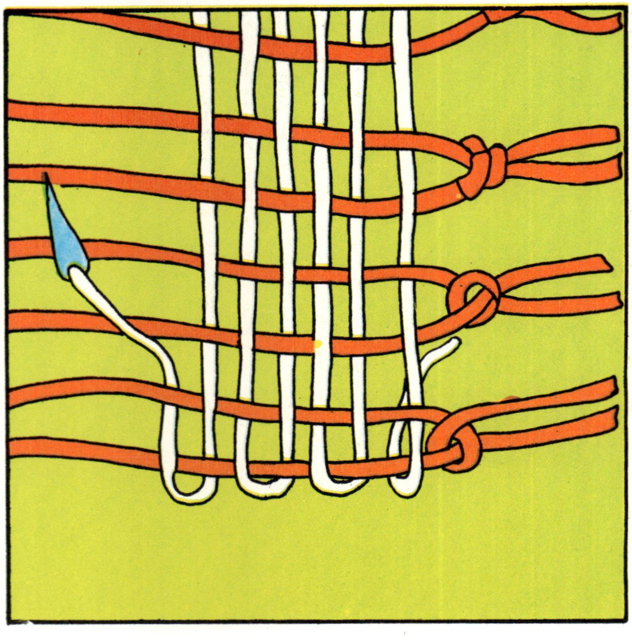

Entferne den Karton, indem du den roten Bast auf der Rückseite aufschneidest. Verknote die Enden paarweise und laß sie in Fransen hängen.

MATERIAL:
- dünner Karton
- Schere
- Klebstoff
- Bast

ARMREIF AUS BAST

Schneide aus dünnem Karton einen Streifen, der locker um dein Handgelenk passen soll.

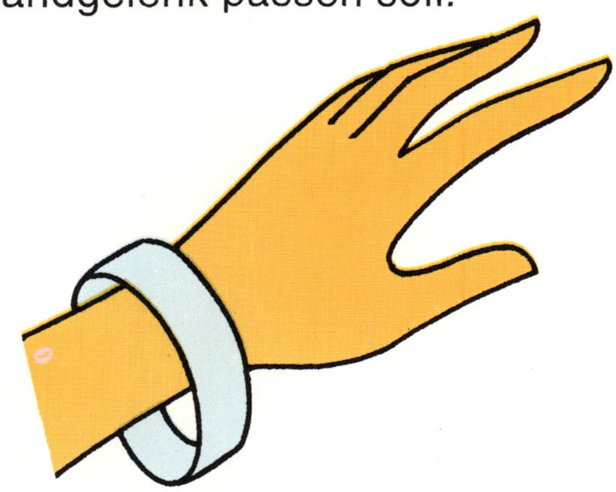

Klebe die Enden zusammen.

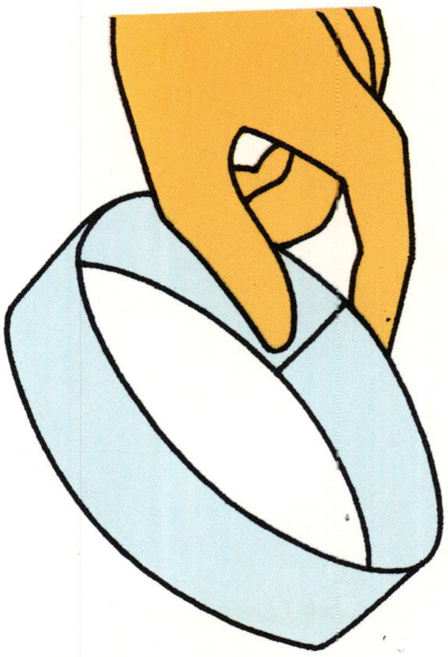

Umwickle den Streifen mit Bast.

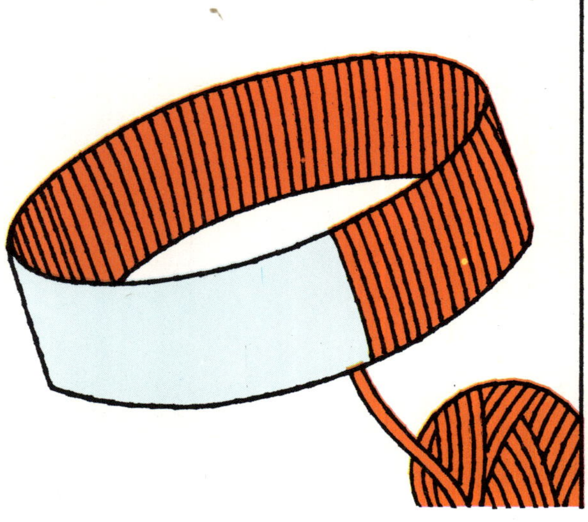

Klebe die Enden der Bastfäden auf dem Karton fest.

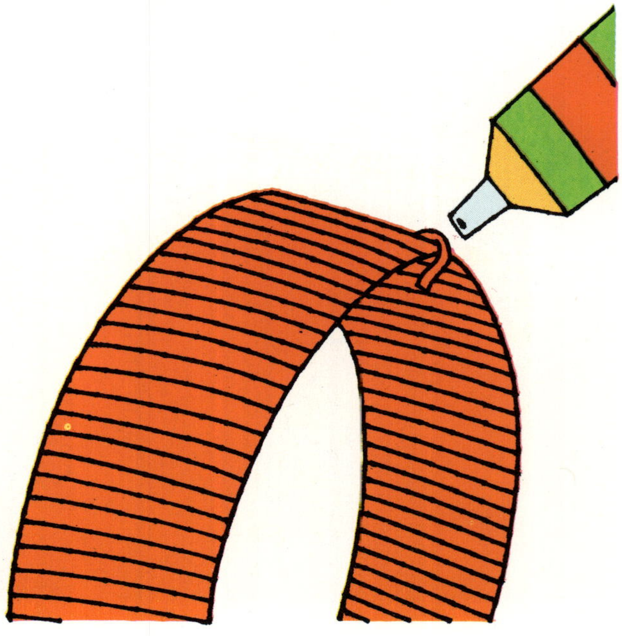

Auf die gleiche Weise kannst du dir Armreifen in anderen Farben machen. Du kannst sie mit bunten Bast- oder Wollfäden verzieren.

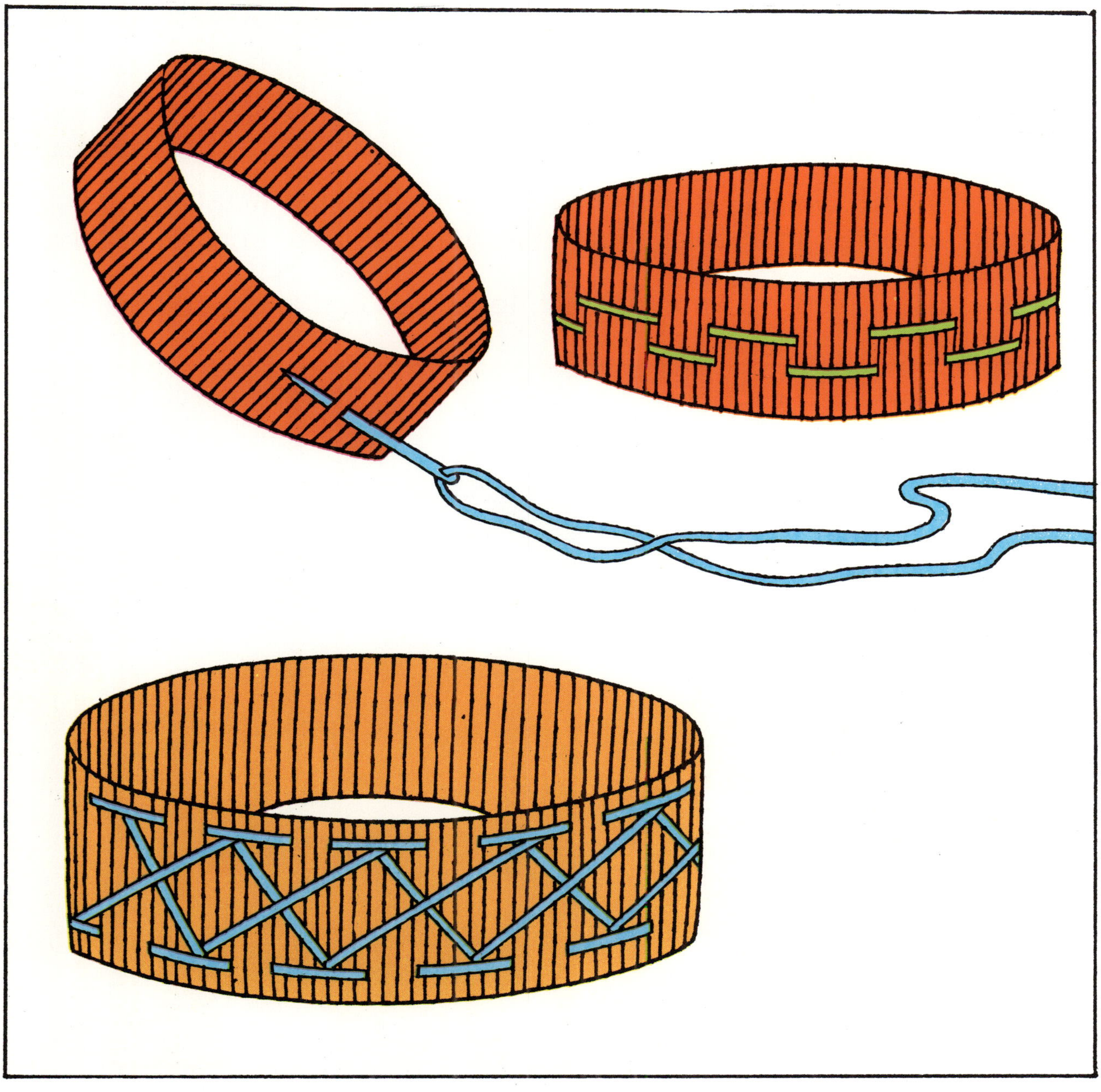

KNOTEN

Wenn du weißt, wie man Knoten macht, ist das für alles mögliche nützlich, vom einfachen Schnürsenkelbinden bis zum Leiterbau oder zum Zeltaufschlagen.
Knoten sollen leicht zu knüpfen sein, festsitzen und leicht zu lösen sein.

Auf diesen beiden Seiten zeigen wir dir drei verschiedene Knoten und wie sie geschlungen werden.

MATERIAL:
- **dicke Wolle**
- **Schere**

WOLLPUPPE

Schneide mehrere dicke Wollfäden gleich lang zu und binde sie an beiden Enden mit einem Faden zusammen (Abb. 1).
Binde sie dann wie auf den Bildern 2, 3 und 4 zusammen.

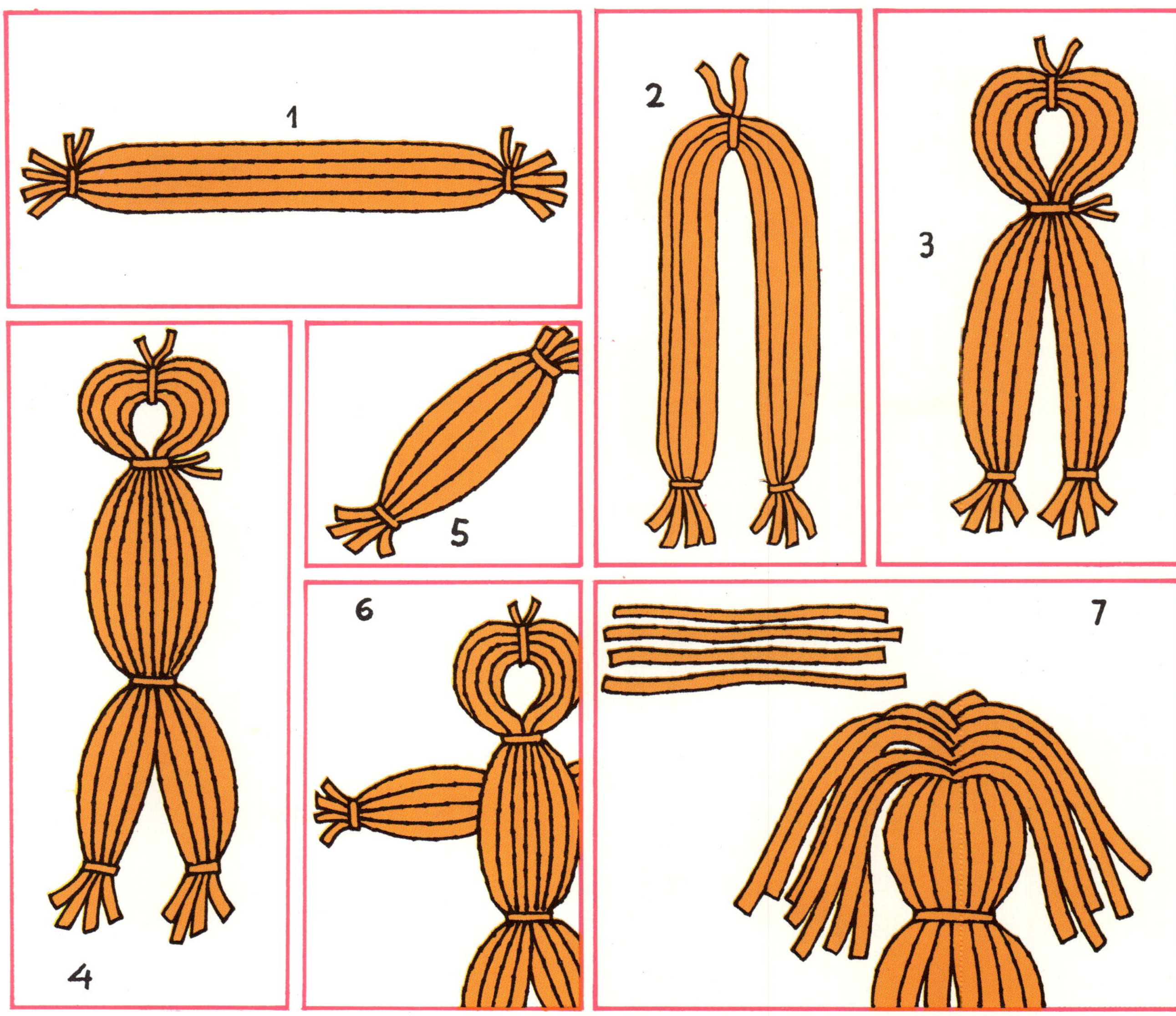

Binde noch ein paar Wollfäden wie in Abbildung 5 zusammen und stecke sie dann als Arme durch den Körper (Abb. 6).
Nähe ein paar kürzere Wollfäden als Haare auf dem Kopf fest (Abb. 7).

MATERIAL:
- Filz
- Bleistift und Papier
- Nadel und Faden
- verschieden große Ringe, Haken usw.

RINGE AUF FILZ

Zeichne ein Muster auf ein Stück Papier und übertrage es auf den Filz.

Nähe die Ringe und Haken auf den Filz und folge dabei deinem Muster.

Denke dir andere Muster aus, die du aus Ringen usw. machen kannst.

Auf diese Weise kannst du kleine Wandteppiche, Gürtel, Fahnen usw. basteln.

Wenn du das hier gezeigte Muster machen willst, schneide den Filz wie auf dem großen Bild zu.

Falte die beiden überstehenden Enden um und nähe sie entlang der gestrichelten Linie fest.
So erhältst du zwei Schlaufen, durch die du den Stab für einen Wandteppich oder eine Fahne stecken kannst.

MATERIAL:
- **Filz in verschiedenen Farben**
- **Schere**
- **Bleistift und Papier**
- **Nadel und Faden**
- **Schneiderkreide**
- **Füllmaterial**

BALL

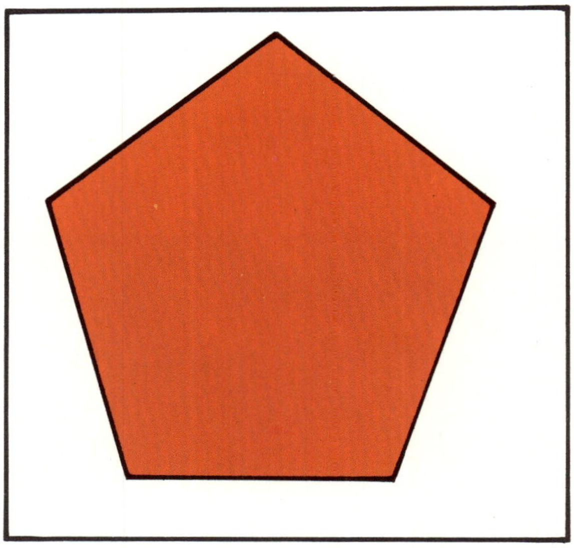

Zeichne auf ein Stück Papier ein Fünfeck, wie du es auf dem Bild siehst. Schneide es aus. Lege es auf die verschiedenfarbigen Filzstücke und ziehe den Umriß mit Schneiderkreide nach. Schneide zwölf gleich große Fünfecke aus dem Filz aus.

Nähe die Stücke wie auf dem Bild zusammen. Laß eine Seite offen. Wende den Stoff, so daß die Nähte nicht zu sehen sind.

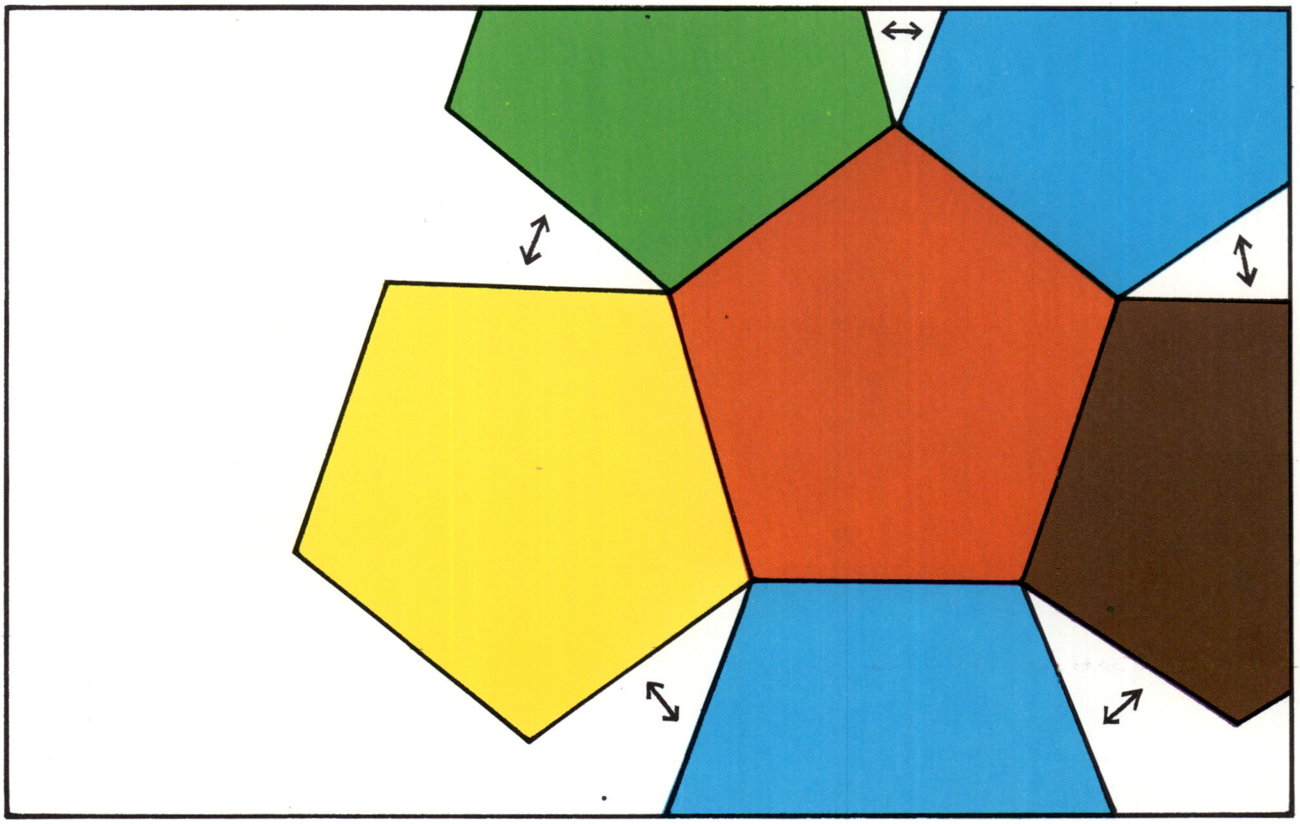

Fülle den Ball mit Schaumgummiflocken und nähe die Öffnung zu.

MATERIAL:
- Leinen
- Füllmaterial
- hellblaue, braune und rote Akrylfarben
- Schere
- Pinsel
- braune Wollfäden
- Nadel und Faden

PUPPE

Schneide aus dem Stoff zwei Formen wie diese aus. Je größer sie sind, desto hübscher wird die Puppe.

Nähe die beiden Teile zusammen und laß eine kleine Öffnung für die Füllung.

Wende den Stoff, so daß die Nähte nicht zu sehen sind.

Fülle die Puppe mit Schaumgummiflocken und nähe die Öffnung mit kleinen Stichen zu.

Schneide mehrere braune Wollfäden zu. Nähe sie in der Mitte des Kopfes mit feinen Stichen an. Die Fäden sollen lose und wirr an beiden Seiten des Kopfes herunterhängen.

Diese Puppe wurde mit Akrylfarben bemalt. Du kannst auch Stoffmalfarben oder Filzstifte benutzen.

MATERIAL:
- Leinen
- Füllmaterial
- Nadel, Faden
- Filzstifte oder Stoffarben
- Schere

MÖNCH

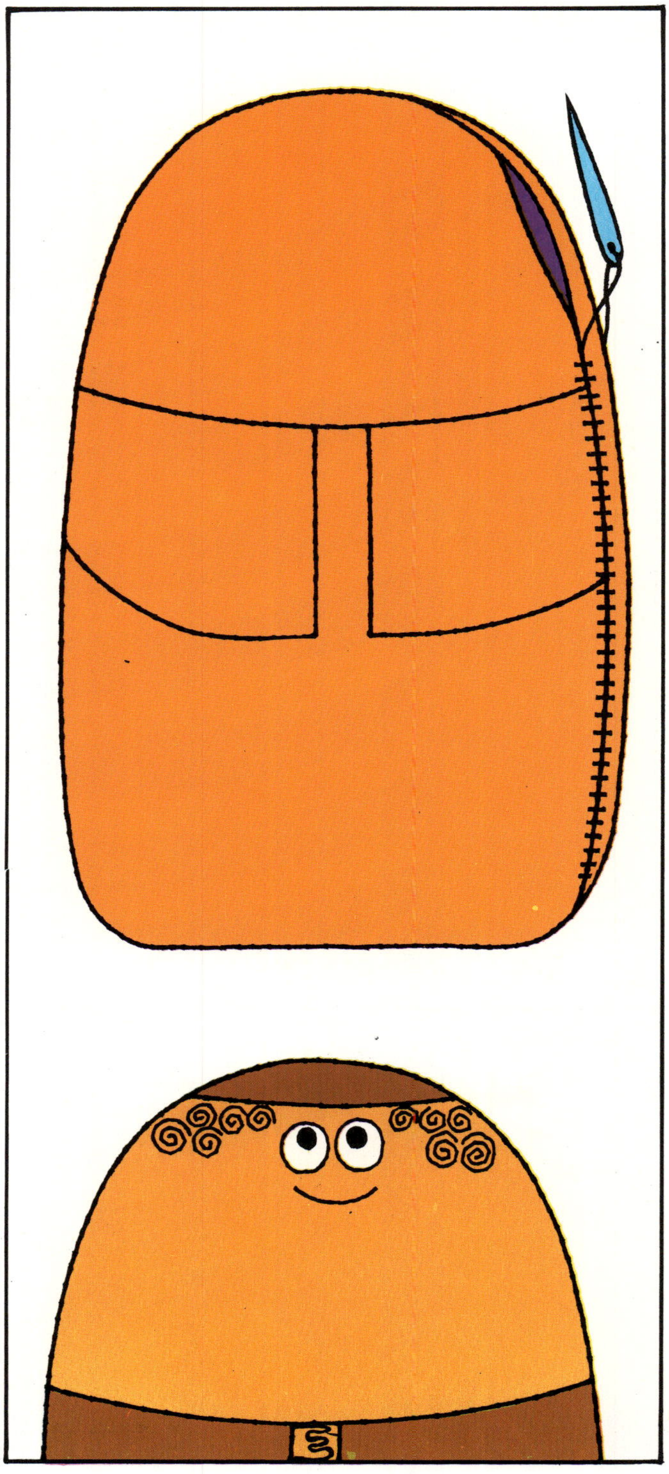

Schneide die hier gezeigte Form so groß, wie du sie haben möchtest, zweimal aus dem Stoff zu.

Nähe die beiden Teile zusammen, aber laß ein Stück Naht offen, damit du die Puppe füllen kannst.

Wende den Stoff, so daß die Nähte nicht zu sehen sind.

Fülle den Mönch mit Schaumgummiresten und schließe die Öffnung.

Zeichne Augen, Nase, Mund und Hände ein und bemale den Rest mit Stoffarben oder dicken Filzstiften.

Jeder Fuß wird aus zwei Leinenstücken gemacht, die mit schmalen Stichen zusammengenäht werden. Fülle sie mit Schaumgummiflocken und nähe sie unten am Körper an. Bemale sie mit Filzstiften.

MATERIAL:

- Dosen
- Wolle
- Filz
- Klebstoff
- Pinsel
- Schere

VERZIERUNG VON DOSEN

All deine Buntstifte, Kugelschreiber und Pinsel kannst du hübsch und ordentlich in Dosen aufbewahren.

Wir zeigen dir an zwei Beispielen, wie du alte Dosen aus der Küche verzieren kannst.

Auf dem Bild links wird Wolle um die Dose gewickelt. Damit der Faden nicht verrutscht, wird er angeklebt.

Eine andere Möglichkeit ist es, ein Rechteck aus Filz zuzuschneiden, das so hoch wie die Dose ist. Das wird um die Dose geklebt. Mit einem anderen Stück Filz kannst du die Innenseite bekleben.

MATERIAL:
- Topfkratzer aus Kunststoff
- bunter Filz
- Klebstoff und Pinse
- Schere
- Draht
- Wolle

KLEINER VOGEL

Schnüre einen Topfkratzer mit einem Stück Band so ab, daß er in Kopf und Körper geteilt wird.

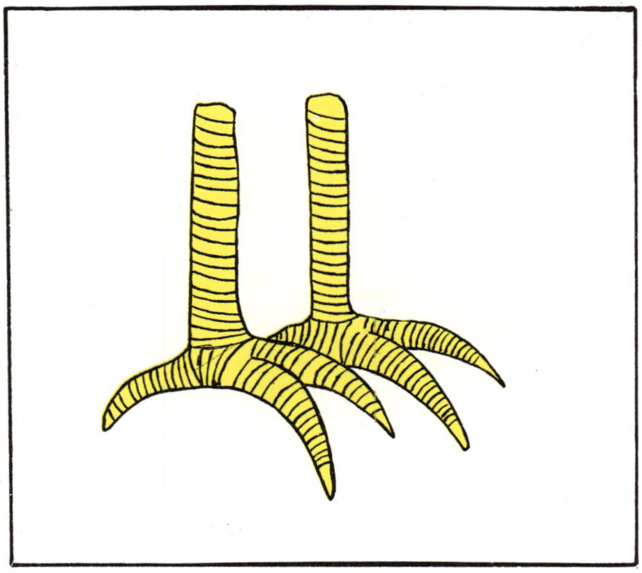

Die Füße werden aus Draht gemacht, den du mit Wolle umwikkelst. Befestige sie unten am Körper des Vogels.

Augen, Schnabel und Federn werden aus buntem Filz gemacht und an Körper und Kopf festgeklebt oder festgenäht.

PAPAGEI

Dieser Papagei wird genauso wie der kleine Vogel auf der vorigen Seite gebastelt. Auch das Material ist das gleiche.

Nur für Federn, Schnabel und Augen brauchst du andere Farben und Formen, weil es ein anderer Vogel ist.
Auf diese Weise kannst du jeden Vogel basteln, der dir gefällt.

MATERIAL:
- karierter Stoff
- grauer, schwarzer, weißer und roter Stoff
- Füllmaterial
- Nadel und Faden
- Schere

HUND

Schneide zwei gleich große Quadrate aus kariertem Stoff (die Maße des hier gezeigten Modells sind 13 x 13 cm).

Schneide einen 5 x 55 cm langen Streifen aus gleichem Stoff.

Mache aus einem der Quadrate das Gesicht des Hundes, indem du graue, schwarze, weiße und rote Stoffstücke als Augen, Schnauze, Augenbrauen und Ohren mit feinen Stichen aufnähst.

Nähe die beiden Quadrate an den Streifen und laß eine Öffnung.

Fülle den Hund mit Schaumgummiresten und schließe die Öffnung.

MATERIAL:
- **Stoff**
- **Schere**
- **Nadel und Faden**
- **Füllmaterial**
- **Stoffmalfarben, Wasserfarben oder Akrylfarben**

KATZE

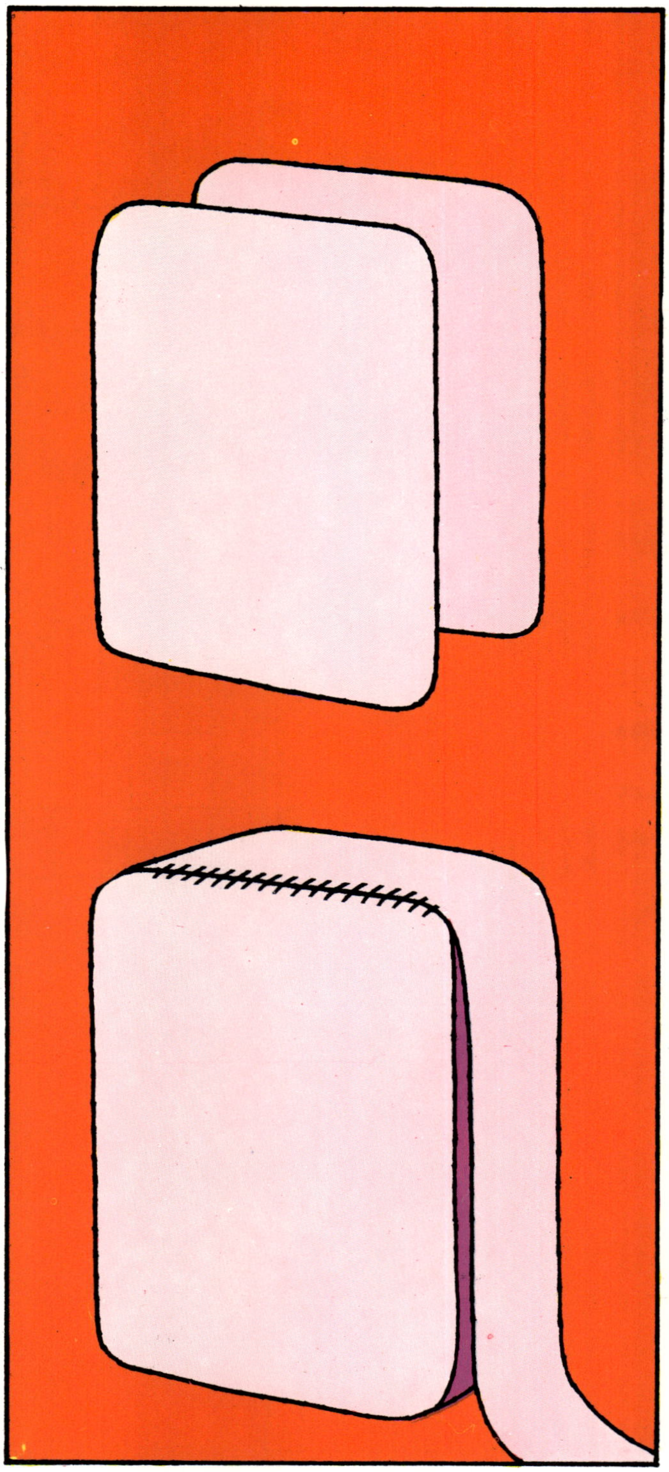

Schneide zwei Rechtecke aus dem Stoff (die Maße dieses Musters sind 13 x 18 cm). Runde die Ecken ab.

Schneide einen 3 x 75 cm langen Streifen aus dem gleichen Stoff.

Nähe die beiden Rechtecke an den Streifen. Laß eine Öffnung für die Füllung.

Wenn du die Katze gefüllt hast, nähe die Öffnung zu.

Male Augen, Augenbrauen, Schnurrhaare, Schnauze usw. Verziere auch den Körper mit bunten Mustern. Dazu kannst du Stoffmalfarben, Akrylfarben oder auch Wasserfarben benutzen.

MATERIAL:

- **karierter Stoff**
- **schwarzer, grauer und weißer Filz**
- **Füllmaterial**
- **Schere**
- **Nadel und Faden**

HUND

Schneide zwei Rechtecke aus Stoff.

Schneide einen Streifen aus dem gleichen Stoff. Nähe die beiden Rechtecke an den Streifen so an, daß die Nähte innen sitzen. Die Ecken werden abgerundet.

Laß ein Stück Naht offen. Wende den Stoff.

Schneide aus Filz Nase, Schnauze, Augen, Ohren und Füße.

Nähe diese Teile mit feinen Stichen auf den Körper.

Fülle den Hund mit Schaumgummiresten und schließe die Öffnung.

MATERIAL:
- **Schere**
- **dicke Wolle**
- **Filzstreifen**
- **dicke Häkelnadel**

FRANSEN

Markiere auf einem Filzstreifen im Abstand von 1 cm so viele Punkte wie möglich.

Schneide 30 cm lange Wollfäden zu

Bohre mit der Spitze der Häkelnadel ein Loch durch den ersten Punkt. Ziehe dann mit der Häkelnadel einen Wollfaden durch das Loch, so wie du es auf dem Bild siehst.

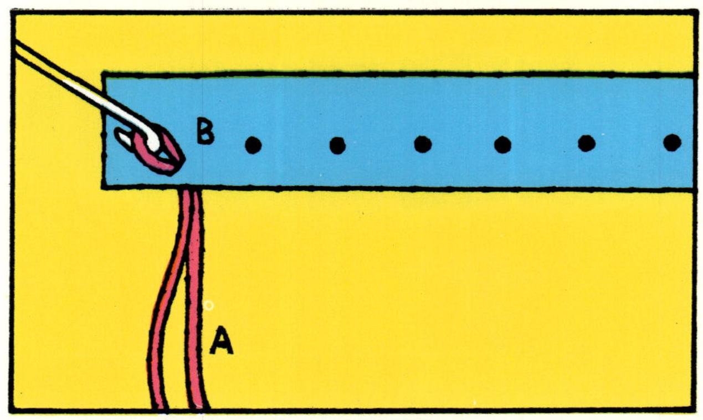

Führe die beiden Enden (A) durch die Schlaufe (B). Ziehe A fest.

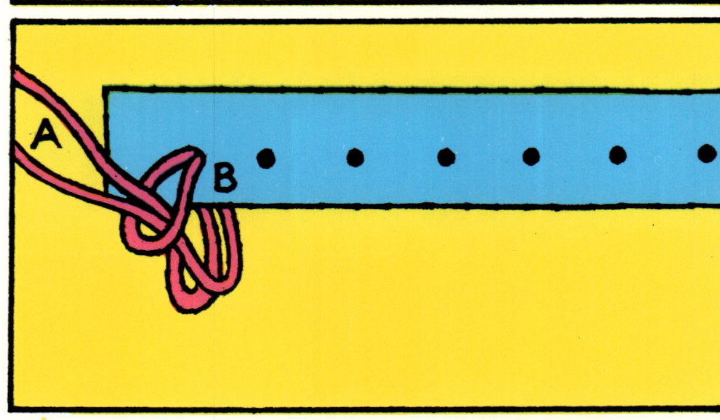

Mache das gleiche bei den anderen Löchern.

Wenn der Streifen voll ist, knüpfe die Wollfäden paarweise zusammen, wie auf dem Bild unten gezeigt.

MATERIAL:
- **Karton**
- **Schere**
- **Stopfnadel**
- **Wolle**

POMPONS

Pompons aus Wolle kannst du für viele Bastelarbeiten gebrauchen.

Schneide zwei Kreise aus Karton. Bohre in die Mitte der Kreise Löcher, wie hier auf dem Bild.

Lege die Kreise aufeinander.

Fädle das Ende eines Wollknäuels in die Stopfnadel ein. Wickle nun die Wolle um den Pappring, bis er ganz bedeckt und das Loch in der Mitte fast zu ist.

Schneide die Wolle am äußeren Rand der Pappe auf.

Binde die Wolle in der Mitte zwischen den beiden Scheiben mit einem Faden zusammen. Schneide nun die Pappringe ein, damit du sie herausnehmen kannst. Forme den Pompon mit den Händen rund und flauschig.

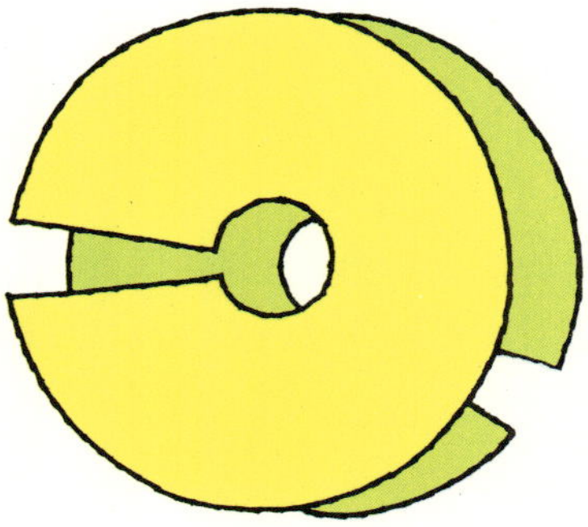

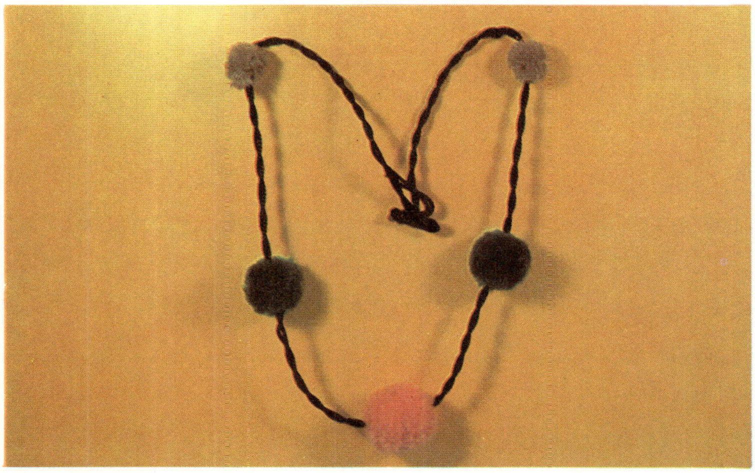

MATERIAL:

- **grobes Leinen oder Gminder-Linnen**
- **gemusterter Stoff**
- **roter, weißer, schwarzer, gelber und grüner Stoff**
- **Nadel und Faden**
- **Federn, Wolle oder Schaumgummiabfälle**

KISSEN

Dieses Kissen kannst du ganz einfach machen, wenn du zwei Quadrate aus grobem Leinen oder anderem Leinenstoff schneidest und eins davon mit den Stoffstücken verzierst, die unten abgebildet sind.

Schneide zwei Stücke wie hier gezeigt für den Eulenkörper aus. Das eine ist aus grünem, das andere aus gemustertem Stoff. Die beiden Teile müssen zusammenpassen.

Schneide all die Teile, die du zur Verzierung brauchst, erst aus Papier und dann aus Stoff zu. Du kannst sie auf das Leinen kleben oder mit feinen Stichen aufnähen.

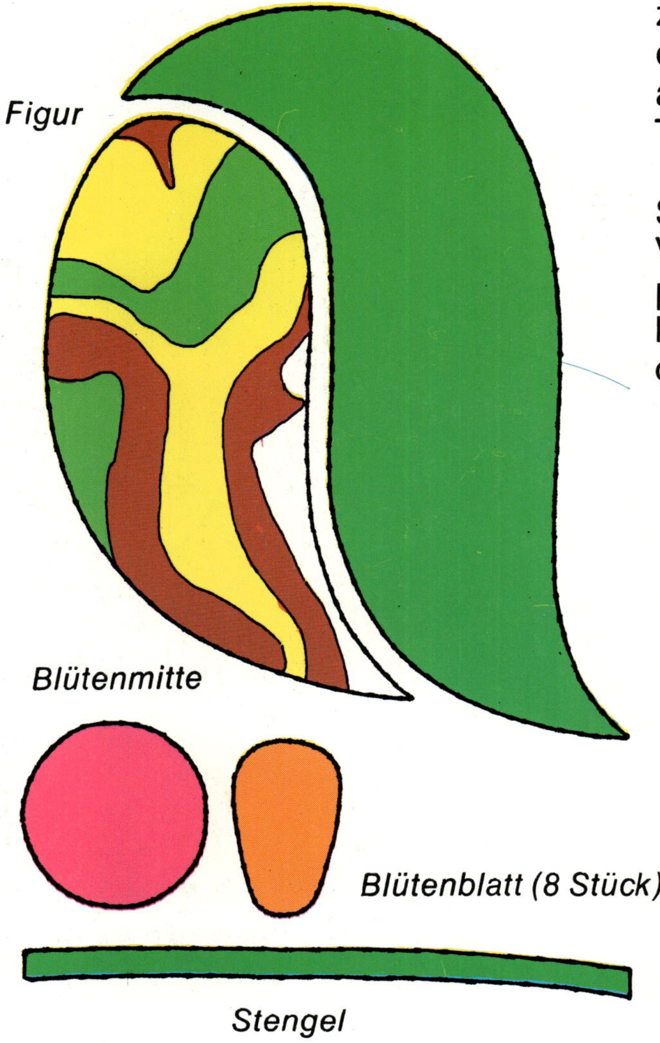

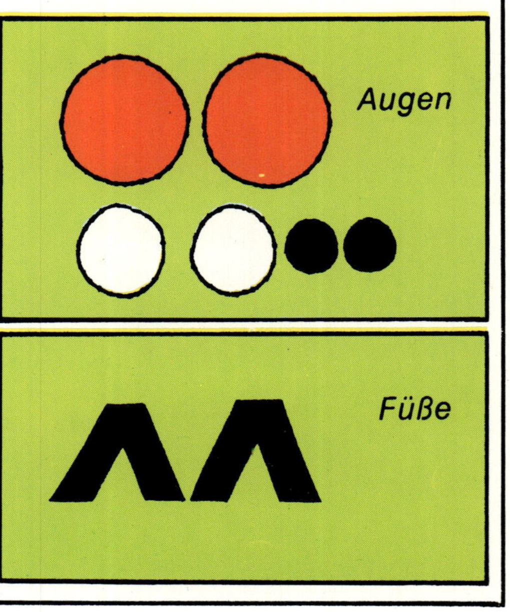

Nähe die Quadrate von links zusammen und laß wieder ein Stückchen Naht für die Füllung offen. Wende das Kissen.
Fülle das Kissen mit Federn, Wolle oder Schaumgummiresten und nähe es dann ganz zu.

MATERIAL:
- Papier
- Bleistift
- grobes Leinen
- bunte Stoffreste
- Schere
- Nadel und Faden
- goldene Pailletten

FISCH

Dieser Fisch ist der erste von sechs Vorschlägen, wie du Schranktüren verzieren kannst.

Zeichne die Umrisse eines Fisches auf ein Stück Papier.

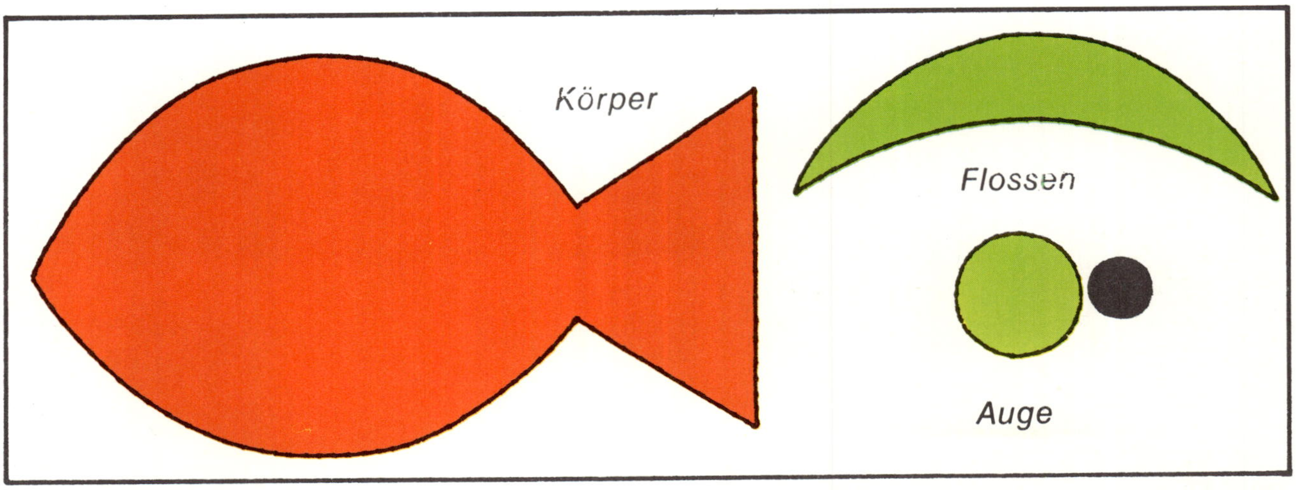

Schneide nach diesen Papiermustern den Körper des Fisches aus rotem Stoff, zwei Flossen aus grünem Stoff, den großen Kreis des Auges ebenfalls aus grünem Stoff und den kleinen Kreis aus schwarzem Stoff.

Nähe den Körper und die Flossen mit groben Stichen auf das Leinen.

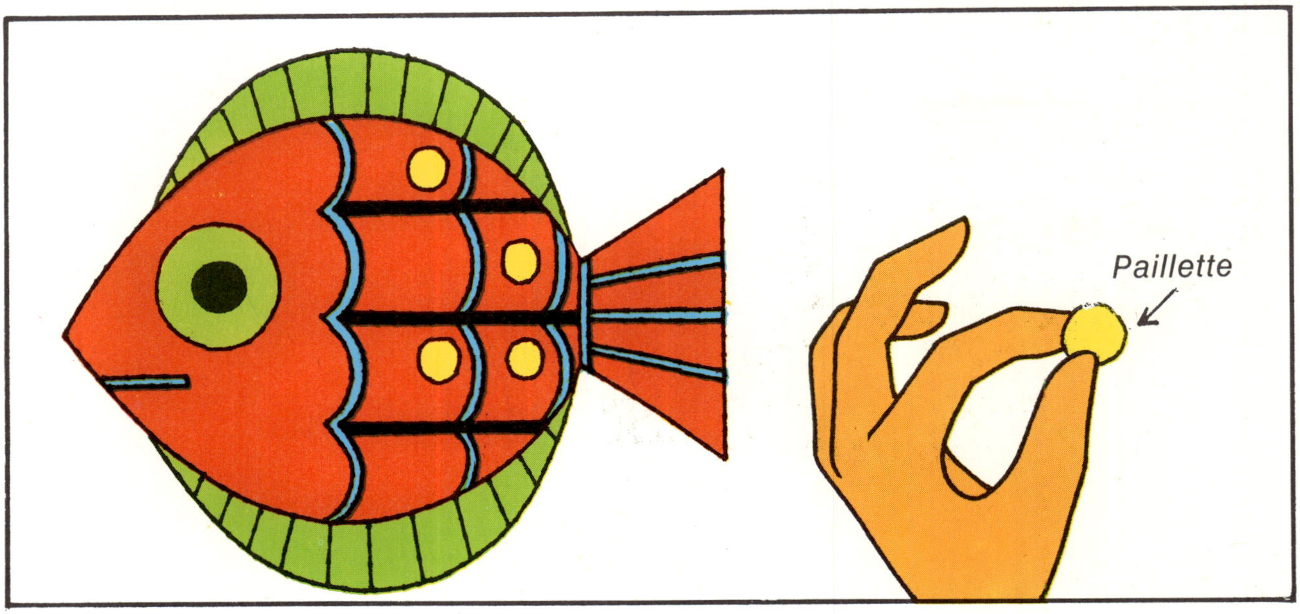

Jetzt nähe die Teile für das Auge auf.

Verziere den Fisch mit Pailletten und sticke mit schwarzer und blauer Wolle Schuppen auf.

SCHMETTERLING

Das benutzte Material ist das gleiche wie das für den Fisch auf der vorigen Seite.

Mache ein Schnittmuster aus Papier.

Lege das Schnittmuster auf grünen Stoff und schneide die Flügel zu.

Nähe sie auf das Leinen.

Schneide den Kopf, den Körper und die Kreise aus buntem Stoff und nähe sie auf die Flügel.

Auch die Pailletten werden als Verzierung aufgenäht.

Sticke die Fühler mit Kettenstich auf.

Die Augen sind zwei gestickte Punkte.

HAHN

Als Material brauchst du das gleiche wie für den Fisch
und den Schmetterling.
Benutze ein Schnittmuster aus Papier, um den Körper des Hahns
aus rosa Stoff zu schneiden.

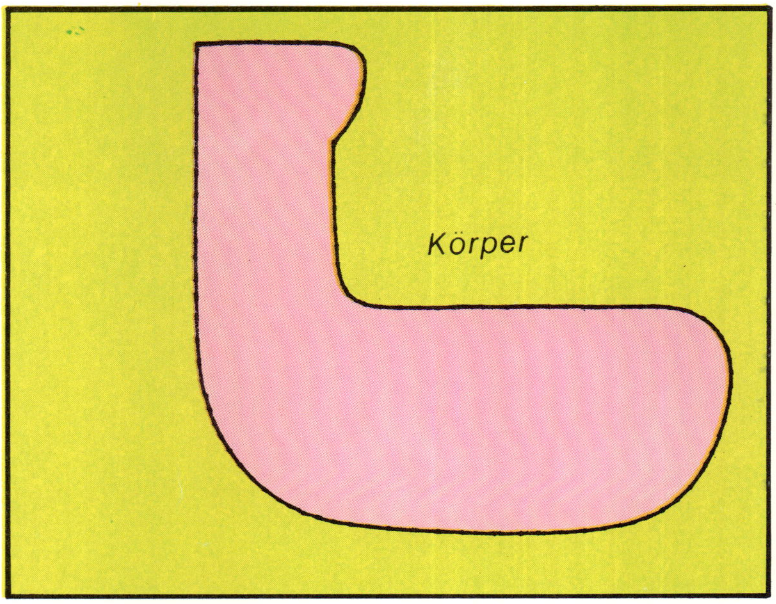

Nähe den Körper des Hahns auf das Leinen.
Schneide die anderen Teile aus buntem Stoff zu.

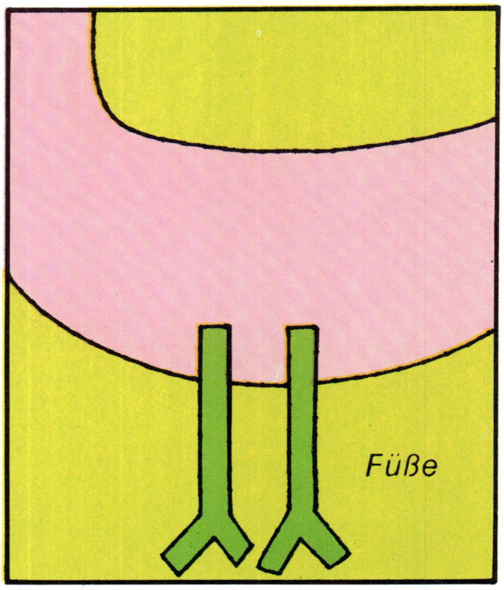

Nähe die Teile auf den Körper und auf das Leinen, wie es die Abbildung zeigt.

KATZE

Das Material ist das gleiche wie für die anderen drei Tiere.

Schneide die Teile einer Katze, wie hier gezeigt, aus Papier aus. Lege diese Schnittmuster auf Stoff und schneide die Teile aus.

Nähe alle Stoffteile wie auf dem großen Bild mit groben Stichen auf das Leinen.

Sticke die Schnurrhaare mit Kettenstich. Als Nase sticke einen dicken Punkt. Die Pupillen der Augen sind Pailletten.

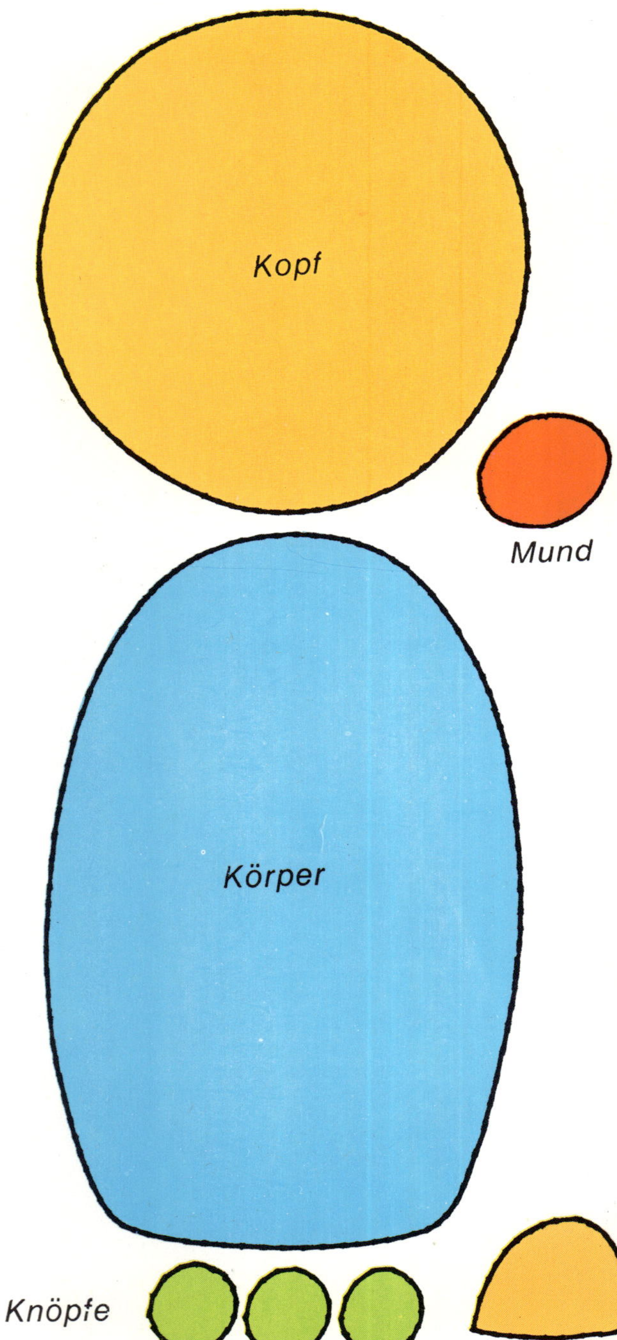

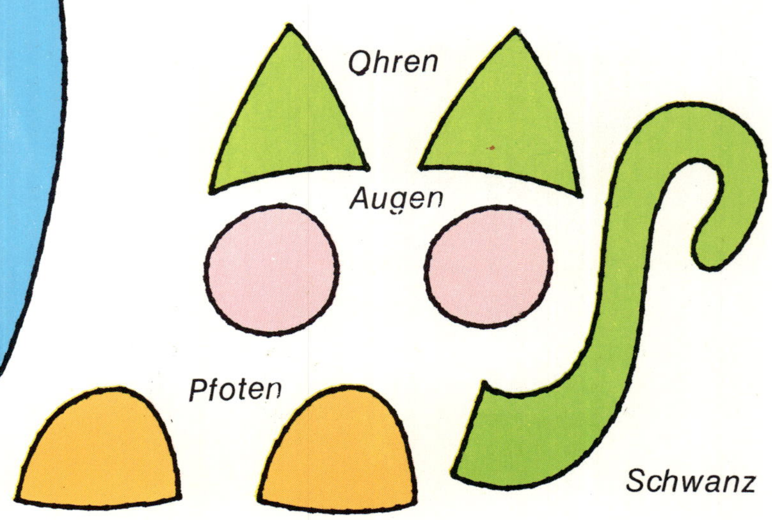

BLUME

Benutze das gleiche Material wie für die Katze.

Nähe die verschiedenen Teile der Blume mit groben Stichen auf das Leinen.

Verziere Stengel und Blütenkelch mit Pailletten.

Wenn du willst, kannst du nun noch mit Kettenstich um die ganze Blume herumsticken.

Denke dir noch andere Blumen aus.

HUHN

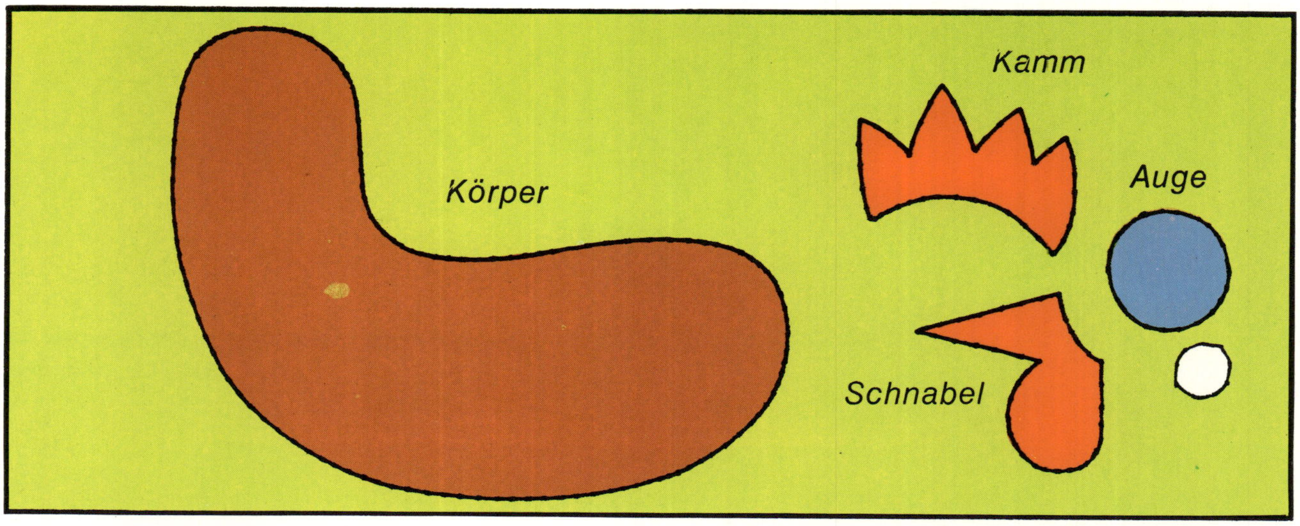

Das Material ist das gleiche wie bei den fünf vorangegangenen Arbeiten.

Schneide den Körper der Henne aus, zuerst in Papier, dann in Stoff.

Nähe ihn auf das Leinen.

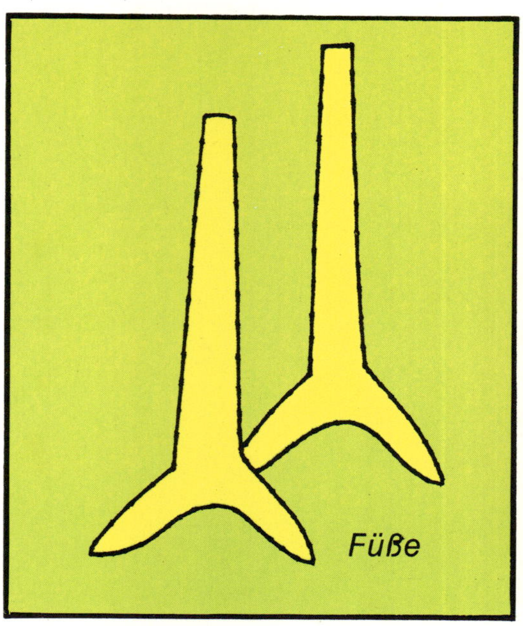

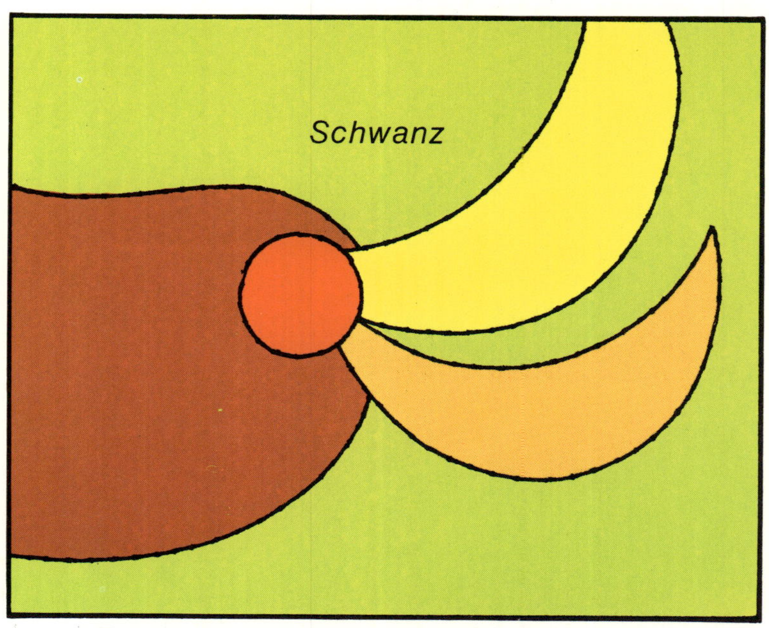

Schneide Auge, Kamm, Schnabel, Schwanz und Füße aus buntem Stoff.

Nähe sie an die richtigen Stellen auf den Körper, wie das Bild es zeigt.

MATERIAL:
- **Wolle**
- **Schere**
- **Nadel und Faden**

FLECHTARBEITEN

Flechte drei gleichfarbige Wollfäden zusammen.

Mache noch mehr Zöpfe mit andersfarbiger Wolle.

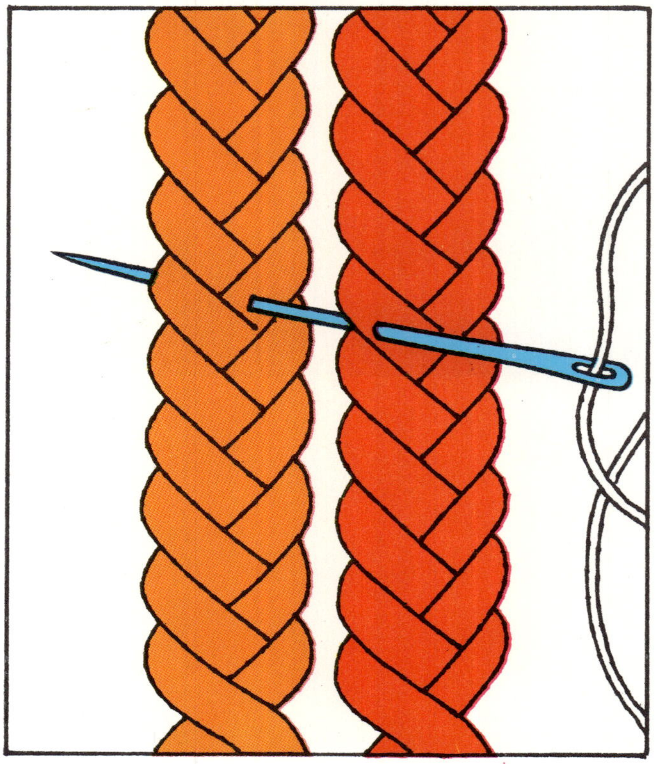

Nähe einen Zopf an den anderen

Auf diese Weise kannst du viele Dinge basteln, z. B. Gürtel, kleine Vorleger, Decken für Puppenbetten usw.

MATERIAL:
- **Stramin**
- **Bast in verschiedenen Farben**
- **Wollnadel**
- **Bleistift**
- **Schere**

BILD MIT BAST

Zeichne auf Stramin ein Bild.

Nähe den Bast entlang der gezeichneten Linien auf.

Mache für jede gerade Linie einen Stich, auch wenn es eine längere ist. Die Kreise (zum Beispiel die Baumkrone und die Mitte der Sonne) werden mit kleinen Stichen gestickt.

MATERIAL:
- Karton
- Kordel
- Schere
- Klebstoff
- Bleistift

ORNAMENTE MIT KORDEL

Schneide aus Karton einen Streifen in beliebiger Länge.

Zeichne mit dem Bleistift ein Muster auf den Streifen.

Dann klebe die Kordel entlang der gezeichneten Linien auf.

Auf dieser Seite zeigen wir dir drei Muster.
In dieser Art kannst du noch viele andere Kordelornamente machen.

MATERIAL:
- **Papier und Bleistift**
- **Stoff**
- **Schere**
- **Nadel und Faden**
- **Füllmaterial**

WÜRFELKISSEN

Dieses Kissen ist leicht zu basteln. Es dient als hübsches Zierkissen oder als bequeme Fußstütze.
Mache eine Papierschablone mit den Maßen, die dir gefallen. Dann lege sie auf einen hübschen Stoff und schneide rundherum.

Nähe den Stoff von links so zusammen:
A auf **B**
C auf **D**
E auf **F**
G auf **H**
I auf **J**
K auf **L**

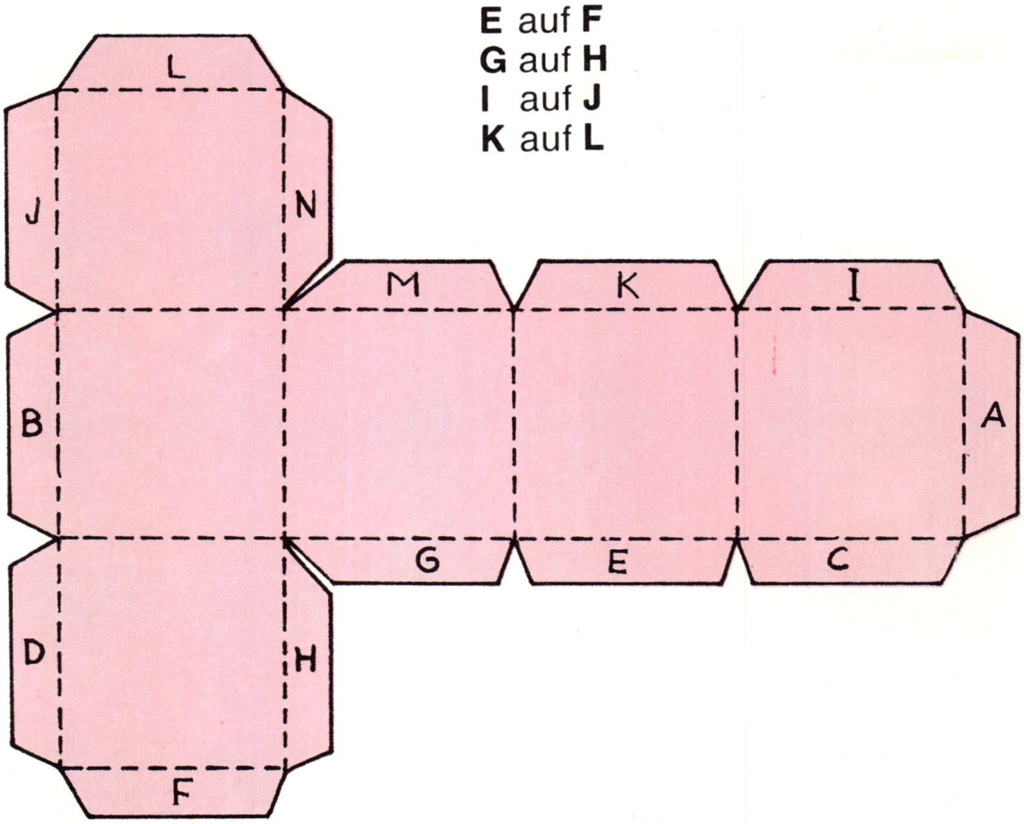

Wende den Stoff, so daß die Nähte nicht zu sehen sind. Fülle den Würfel mit Wolle oder Schaumgummiresten. Zuletzt nähe mit kleinen Stichen **M** auf **N**. Benutze Garn in der Farbe des Stoffes, damit die Naht nicht zu sehen ist.

MATERIAL:
- **Papier und Bleistift**
- **Nadel, Faden**
- **Filz**
- **Schere**

TOPFLAPPEN

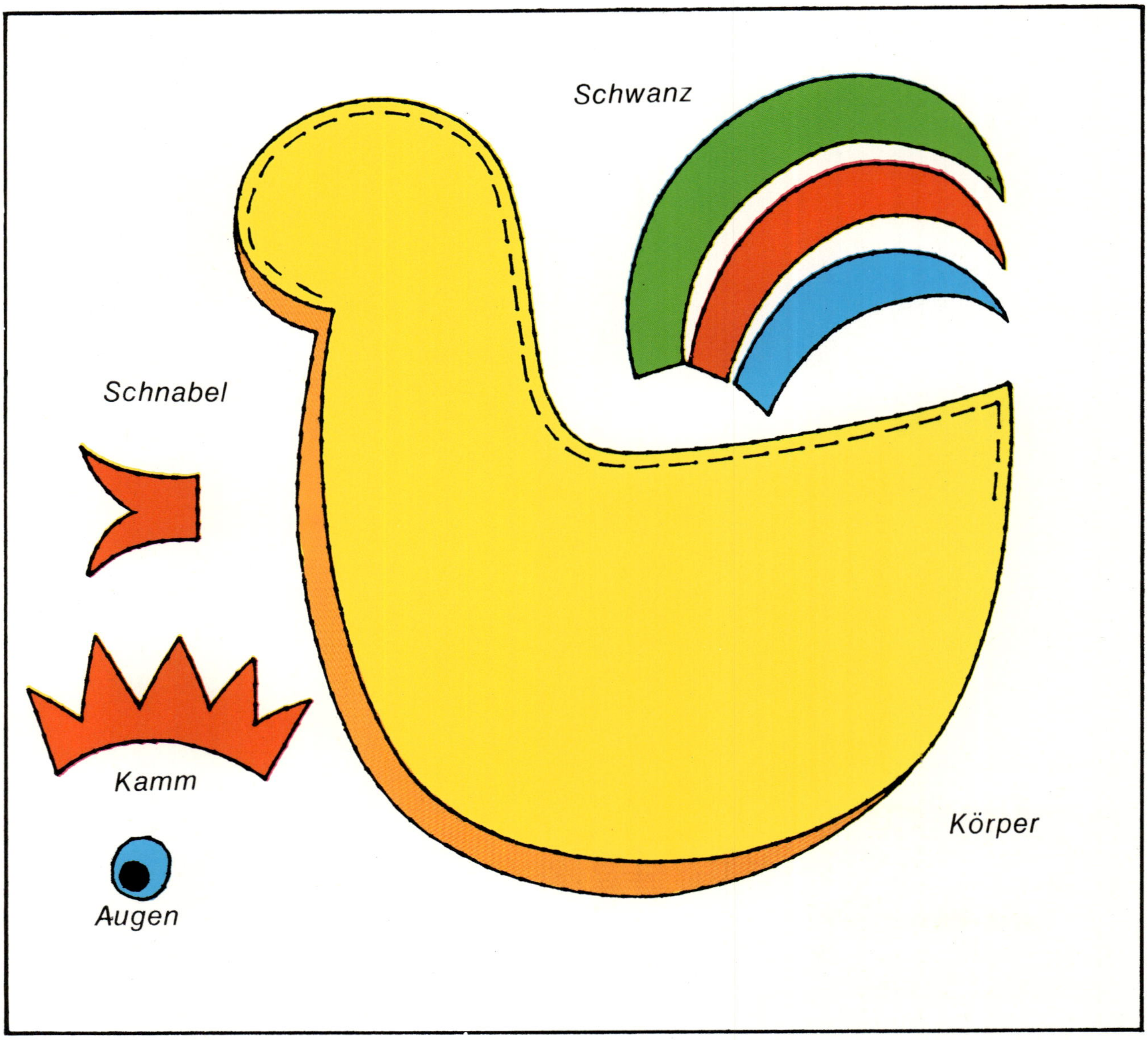

Schneide die Schnittmuster aus, zuerst in Papier, dann in Filz.
Lege Kamm, Schnabel und Federn zwischen die beiden Teile, die den Körper bilden.
Dann nähe die beiden Körperhälften entlang der gestrichelten Linie zusammen.

Mit etwas Phantasie kannst du dir noch andere Muster für Topfanfasser ausdenken.

MATERIAL:

- **Leinen zum Besticken**
- **bunte Wolle**
- **Häkelnadel**
- **Nadel und Faden**
- **Bleistift und Papier**

BILD MIT WOLLE

Male das Muster auf dem großen Foto oder ein ähnliches auf ein Stück Papier und übertrage es auf den Stoff.

Mache die einzelnen Teile des Bildes wie folgt:

Stengel: Häkle eine Kette, wie du sie auf dem Bild oben rechts siehst. Nähe sie dann entlang der Linien, die du gezeichnet hast, auf den Stoff.

Der Umriß der Blätter: Er ist ebenfalls eine auf den Stoff genähte Kette.

Das Innere der Blätter: Es wird mit großen Kreuzstichen ausgefüllt, wie es das Bild rechts unten zeigt.

Blüte: Häkle eine Kette und nähe sie als Schnecke von der Mitte her auf, bis die Blüte richtig gefüllt ist.

MATERIAL:
- **bedruckter Stoff**
- **schwarzer, weißer und grauer Stoff**
- **Nadel und Faden**
- **Schere**
- **Füllmaterial**

PEKINESE

Schneide zwei gleich große Quadrate aus bedrucktem Stoff. Die Größe des Modells ist 13 x 13 cm.

Schneide einen 5 x 55 cm langen Streifen aus dem gleichen Stoff.

Nähe die Teile wie auf dem Bild rechts zusammen und laß eine Öffnung für die Füllung. Fülle den Hund und nähe die Öffnung zu.

Die Augen und Ohren werden aus schwarzem, grauem und weißem Stoff ausgeschnitten und auf eins der Quadrate aus bedrucktem Stoff aufgenäht.

Auf die gleiche Weise kannst du die verschiedensten Tiere basteln. Du brauchst dir nur auszudenken, wie du dem Tier ein anderes Aussehen geben kannst.

Wenn du zum Beispiel dem Pekinesen, den du gerade gebastelt hast, einen Schnabel aus einem roten Stück Stoff machst, sieht er aus wie ein Pinguin, und die Stoffstückchen, die wie Ohren aussahen, sehen nun wie Flügel aus.

MATERIAL:
- dünner Karton
- dicke Wolle in zwei Farben
- schwarzer und weißer Filz
- Schere
- Klebstoff

MOBILE

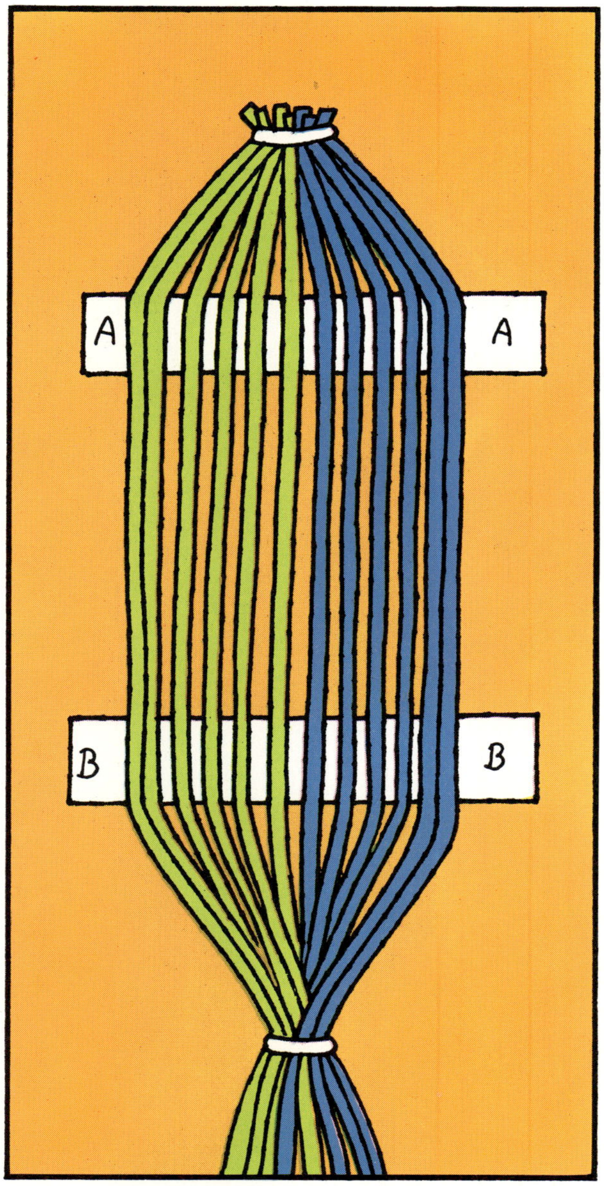

Schneide zwei Streifen aus dünnem Karton.
Lege sie auf eine glatte Unterlage. Mit dem Abstand zwischen den beiden Streifen kannst du bestimmen, wie lang dein Fisch sein soll (bei unserem Modell ist der Abstand 15 cm).

Schneide 45 cm lange grüne und blaue Wollfäden zu. Klebe die grünen Fäden auf die eine Hälfte der Kartonstreifen. Klebe die blauen Fäden auf die andere Hälfte. Klebe die Fäden eng aneinander, beinahe aufeinander.

Klebe **A** auf **A** und **B** auf **B.**

Binde die Fäden an beiden Enden zu Kopf und Schwanz zusammen.

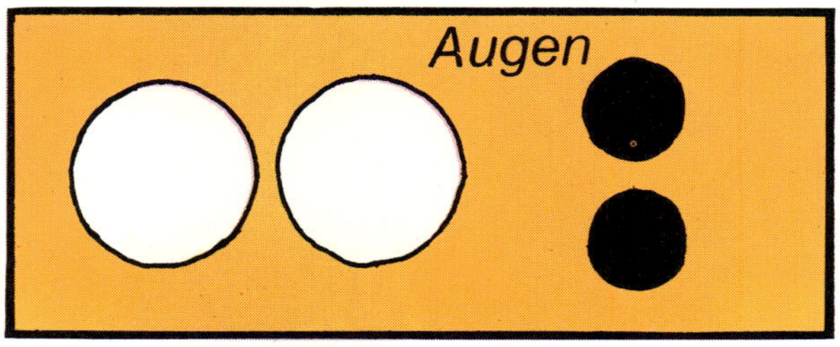

Die Augen sind zwei Kreise aus schwarzem und weißem Filz. Sie werden an das Kopfende des Fisches geklebt.

MATERIAL:
- **Wolle**
- **Schere**

ZOPFPERÜCKE

Schneide ziemlich lange Wollfäden (etwa 1,50 m) zu.

Lege sie glatt nebeneinander und knote sie mit einem anderen Faden in der Mitte paarweise zusammen.

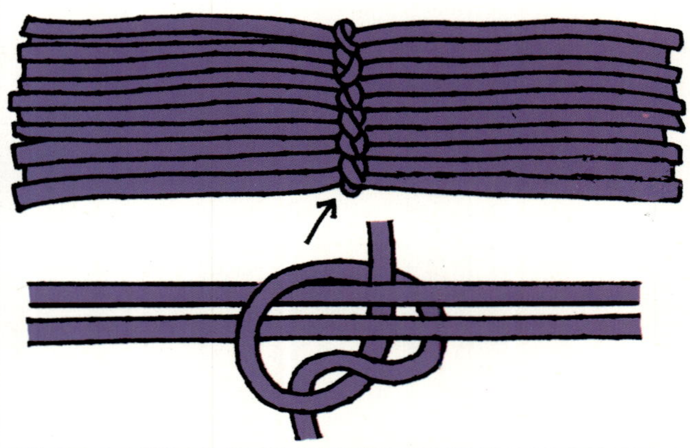

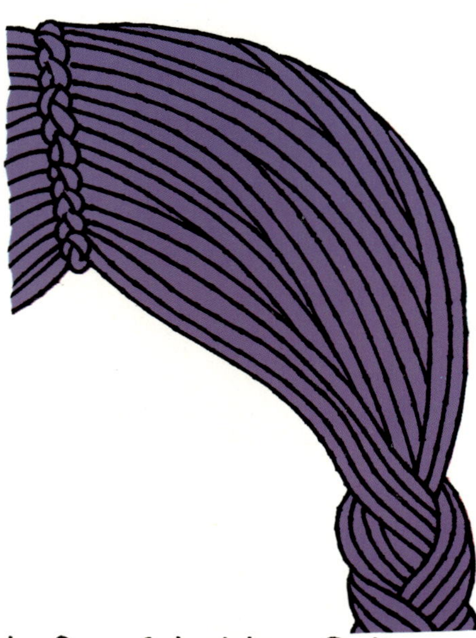

Laß auf beiden Seiten ein Stück glatt und beginne erst weiter unten zu flechten.

Binde am Ende Schleifen um die Zöpfe, damit sie nicht wieder aufgehen.

MATERIAL:

- Lampenschirm-gestell
- Bast
- Borte
- Nadel und Faden
- Schere

LAMPENSCHIRM AUS BAST

Umwickle das Lampenschirmgestell mit Bast, wie es auf der Zeichnung zu sehen ist.

Verziere die Ränder des Lampenschirms mit der Borte, die du mit feinen Stichen auf dem Bast festnähst.

MATERIAL:
- Leinen zum Besticken
- gemusterter Stoff
- bunte Wolle
- rote Tusche
- Wollnadel
- Nadel und Faden
  Schere
- Füllmaterial

KLEINER SOLDAT

Schneide aus dem Stoff zweimal die unten gezeichnete Form aus. Verziere eins der Stoffstücke wie auf dem Bild in folgender Reihenfolge:

1. Große Stiche mit dicker roter Wolle
2. Stiche mit dicker orangefarbener Wolle
3. Mit schwarzer Wolle gestickte Punkte
4. Stiche mit grauer Wolle
5. Stiche mit schwarzer Wolle

Male mit roter Tusche Kringel auf Backen und Kinn und besticke den Rest des Gesichts mit groben Stichen in blauer Wolle.

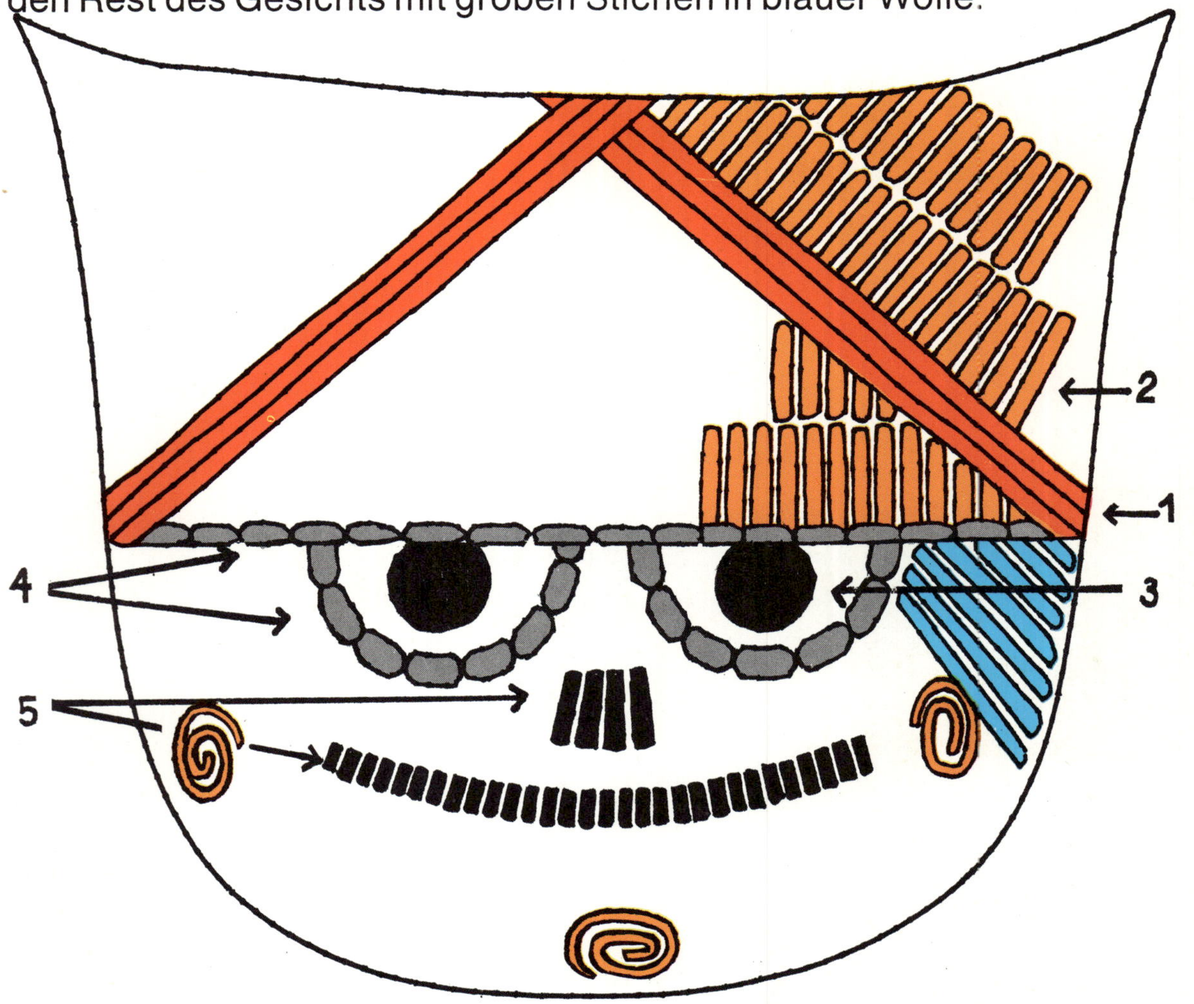

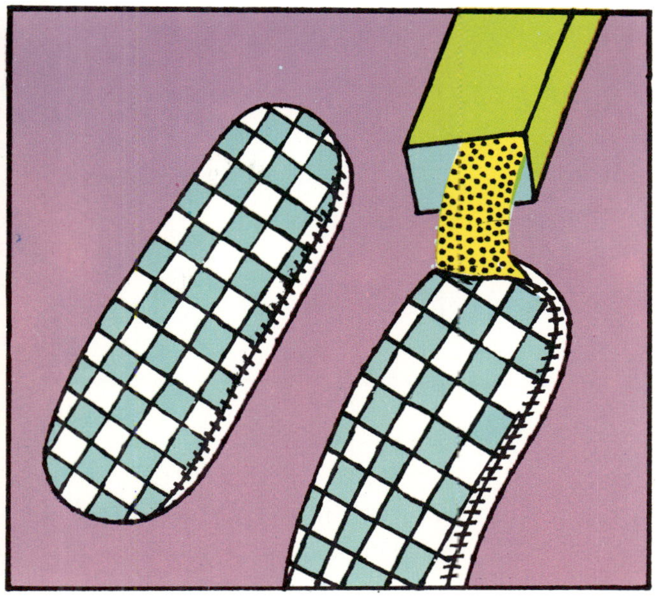

Wenn du das Gesicht fertig hast, lege es mit seiner Rückseite auf das andere Leinenstück und nähe beide Teile an den Kanten zusammen. Laß eine Öffnung. Wende den Stoff und fülle ihn mit Schaumgummi. Schließe die Öffnung.

Für die Beine schneide vier Teile wie diese aus bedrucktem Stoff. Nähe je zwei zusammen. Fülle die Beine und nähe sie hinten am Kopf an. Mache zwei Troddeln aus schwarzer Wolle und verziere damit die Mütze.

MATERIAL:
- **Karton**
- **schwarzer, weißer und farbiger Filz**
- **Schere**
- **Klebstoff und Pinsel**

FILZTAFEL

Diese Filztafel kann manchmal die gewöhnliche Schreibtafel ersetzen.
Mit ihr kann man Schule spielen, Gedächtnisspiele machen oder auch Bilder komponieren.

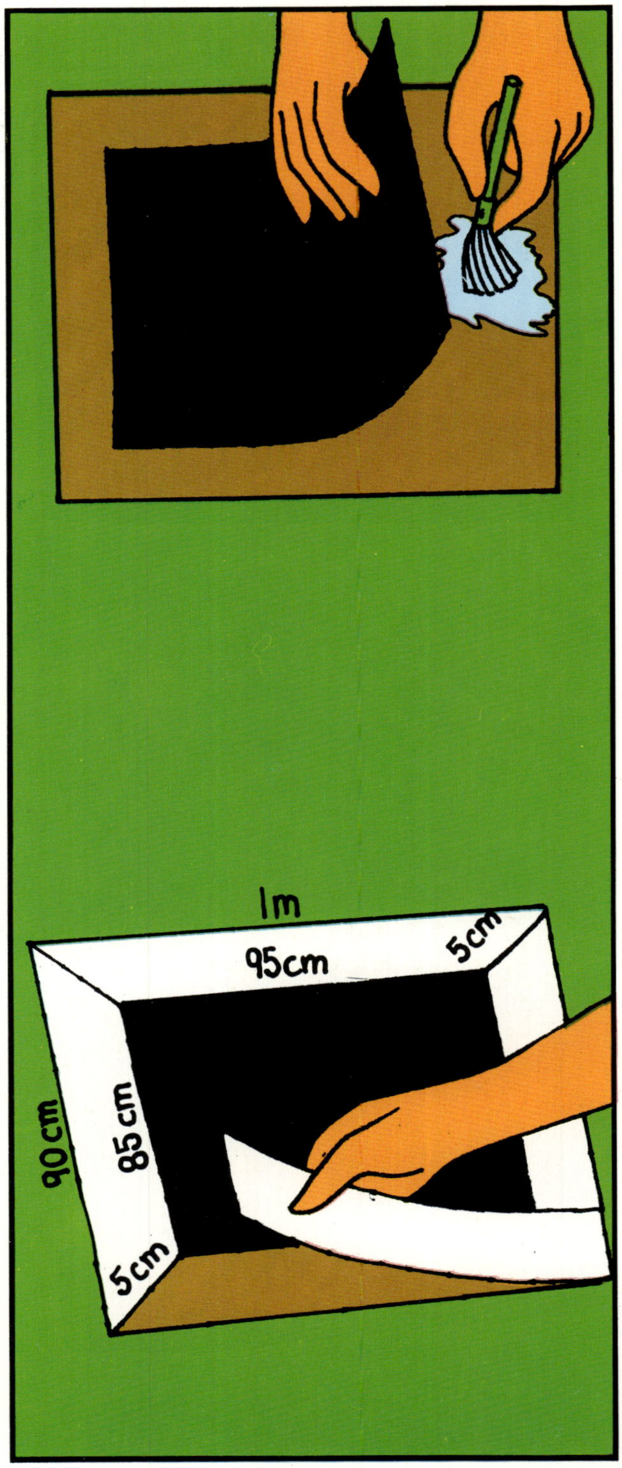

Nimm ein 1 m x 90 cm großes Stück Karton.

Schneide ein 90 x 80 cm großes Stück Filz zu. Klebe es auf den Karton, so daß auf jeder Seite 5 cm Rand bleiben.

Schneide zwei Streifen aus weißem Filz mit den Maßen 1 m x 95 x 5 cm und zwei andere mit den Maßen 90 x 85 x 5 cm.

Rahme mit diesen Streifen den schwarzen Filz ein.

Schneide verschiedene Gegenstände aus buntem Filz zu und stelle sie zu einem Bild zusammen. Klebstoff ist dazu nicht nötig. Die Teile haften auch von selbst auf der Unterlage. Du kannst sie wieder abnehmen und einen anderen Platz dafür wählen.

MATERIAL:
- **Karton**
- **Schere**
- **Klebstoff**
- **Bast**

BILDERRAHMEN

Schneide zwei gleich große Stücke Karton aus.

Runde sie an den Ecken ab.

Auf einem der Kartons zeichne eine Linie parallel zum Rand. Schneide das mittlere Stück entlang dieser Linie aus und lege es beiseite. Das äußere Stück ist der Rahmen.

Umwickle den Rahmen mit Bast.

Klebe das andere Stück Karton auf die Rückseite des Rahmens.

Schneide aus Karton eine Stütze (wie unten in Gelb gezeigt) und knicke sie entlang der gestrichelten Linie.

Klebe das Teil **A** auf die Rückseite des Bilderrahmens.

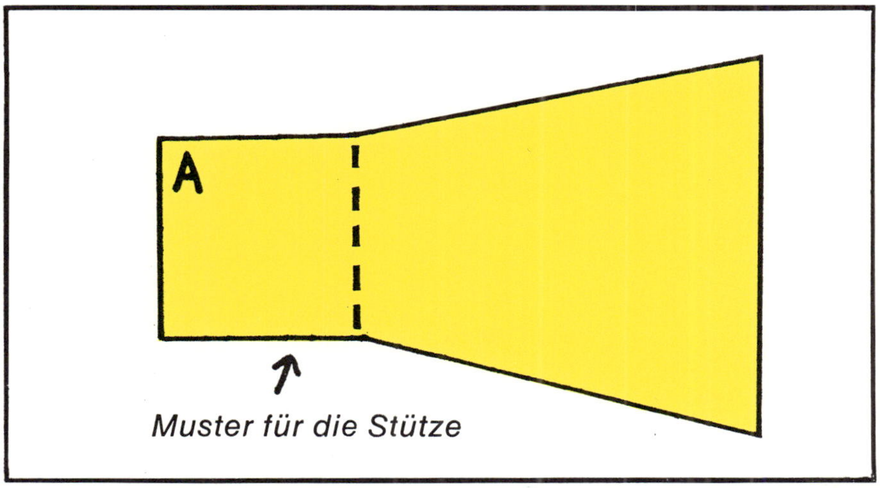

Muster für die Stütze

MATERIAL:
- **bedruckter Stoff**
- **Schere**
- **Nadel und Faden**
- **weiße und schwarze Wolle**
- **grüner Filz**

PUPPE

Schneide für den Kopf ein Rechteck aus bedrucktem Stoff.

Falte es in der Mitte und nähe es an den drei Seiten mit schmalen Stichen zusammen. Laß eine kleine Öffnung.

Mache das Gesicht so:
– Nimm schwarze Wolle und sticke mit eng aneinanderliegenden Stichen den Mund.
– Die Nase ist ein Stück grüner Filz, das auf den bedruckten Stoff genäht wird.
– Zeichne zwei Kreise für die Augen, sticke sie mit schwarzer Wolle und fülle sie innen mit dicht aneinanderliegenden Stichen aus weißer Wolle. Die Pupillen werden wieder schwarz gestickt.

Fülle die Puppe mit Sägemehl und schließe die Öffnung.

Die Beine sind zweimal so lang wie der Kopf. Stopfe sie mit Sägemehl aus und nähe sie unten am Kopf fest.

MATERIAL:
- Gummiband
- dickes Garn
- Stoffstreifen
- bunter Filz
- Nadel und Wolle
- Schere

BALL

Wickle Gummiband zu einem kleinen Knäuel.

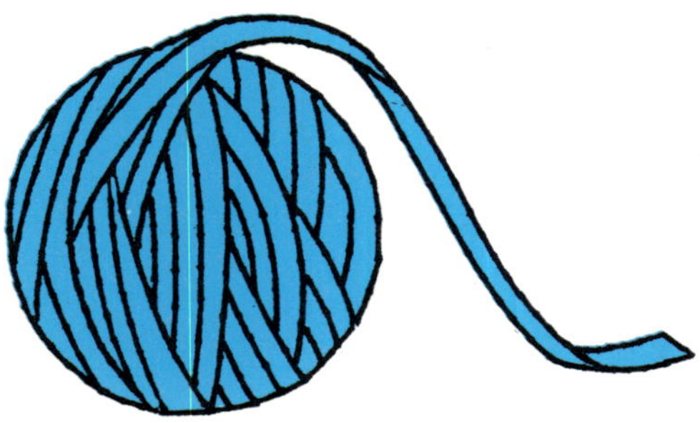

Mach den Ball größer, indem du ihn mit Garn umwickelst.

Schneide lange Stoffstreifen und wickle auch sie um den Ball.

Nun ist der Ball fast fertig. Probiere aus, wie er springt.

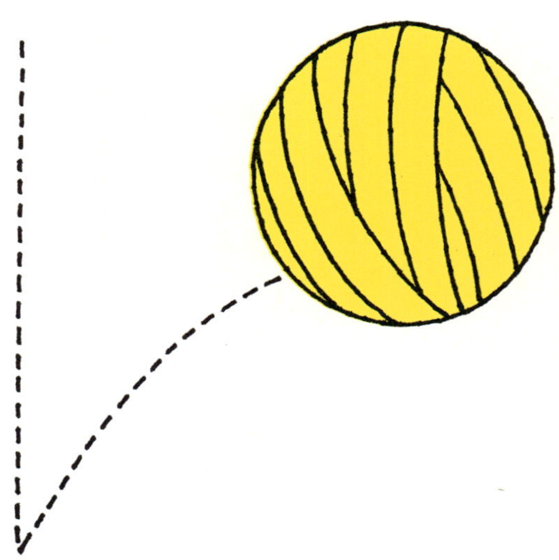

Schneide aus Papier eine Schablone wie diese aus. Die Größe hängt von der Größe deines Balls ab. Schneide mit der Schablone vier verschiedenfarbige Filzstücke aus.

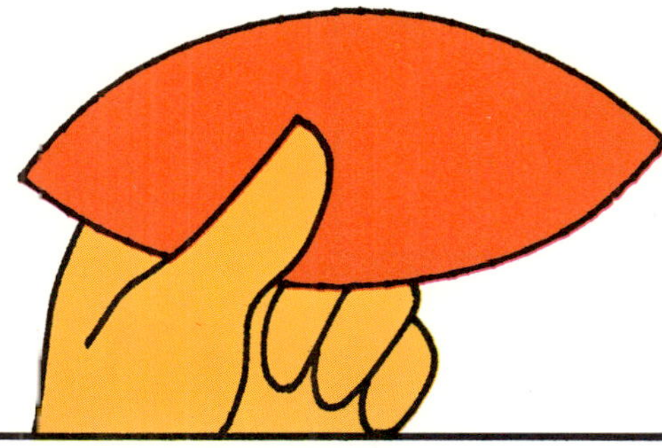

Nähe sie zusammen, wie es die Abbildung zeigt.

Lege den Ball hinein. Falls es nötig ist, füge noch mehr Filzstücke hinzu, bis der Ball völlig bedeckt ist.

MATERIAL
- Karton
- Wolle
- Klebstoff
- Bleistift

WOLLTEPPICH

Zeichne dieses Muster mit Bleistift auf ein Stück Karton. Es wird mit Wolle in verschiedenen Farben ausgefüllt, die gut zusammenpassen.

Klebe die Wolle zuerst in der Mitte des Musters auf und arbeite dann nach außen weiter, bis es ganz ausgefüllt ist.

MATERIAL:
- Stramin
- Pailletten
- bunte Bänder
- Bindfaden
- Schere
- Klebstoff
- Holzleiste

MOBILE MIT FISCHEN

Schneide die Fischformen aus Stramin aus.

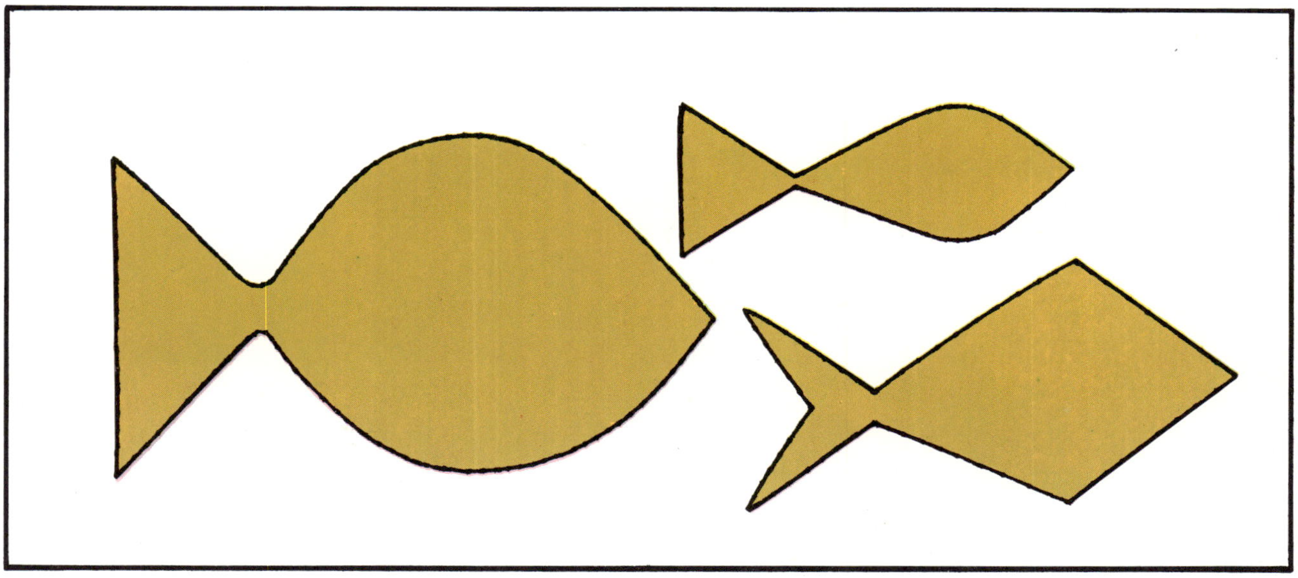

Klebe entlang der Kanten bunte Bänder. Verziere die Fische mit Pailletten oder Knöpfen, die du aufnähst.

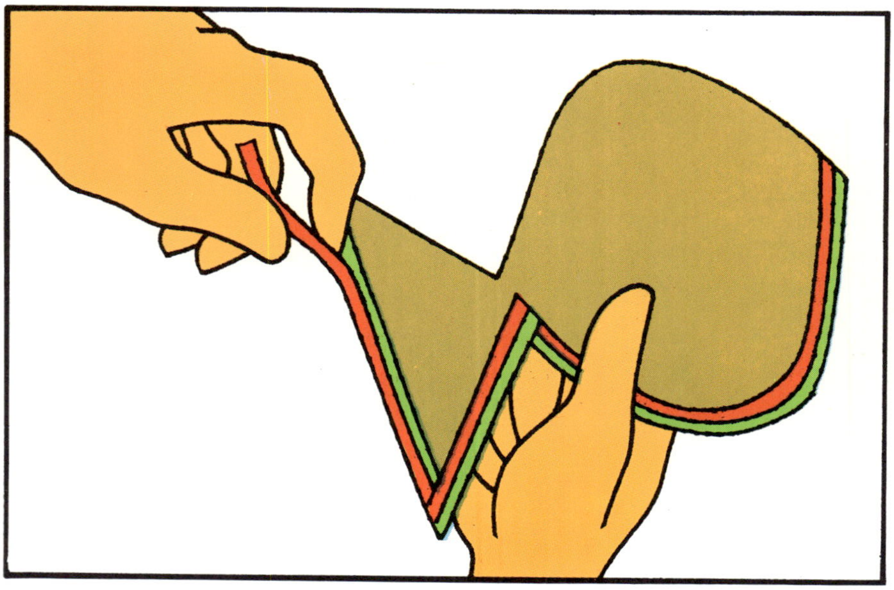

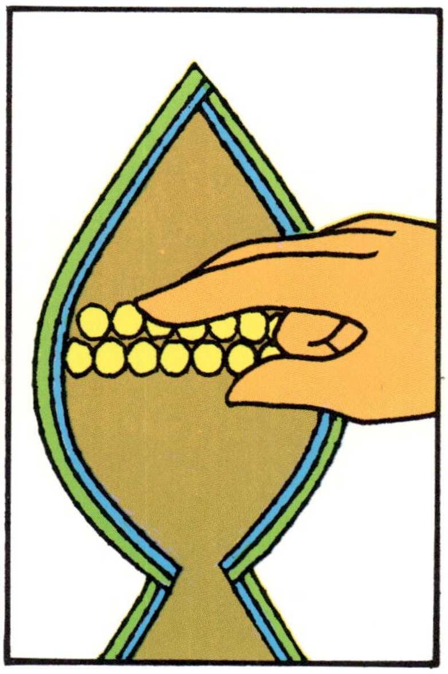

Hänge jeden Fisch an einen Faden. Befestige das andere Ende des Fadens an einer Holzleiste oder an einem dicken Kartonstreifen.

Du kannst dir andere Fischformen ausdenken oder aus Büchern oder Zeitschriften kopieren.

MATERIAL:
- **Karton**
- **Draht**
- **Nadel**
- **Schere**
- **rosa und gelbe Wolle**

FLAMINGO

Biege aus Draht ein Gerippe zurecht, das vom Schnabel bis zu den Füßen reicht.

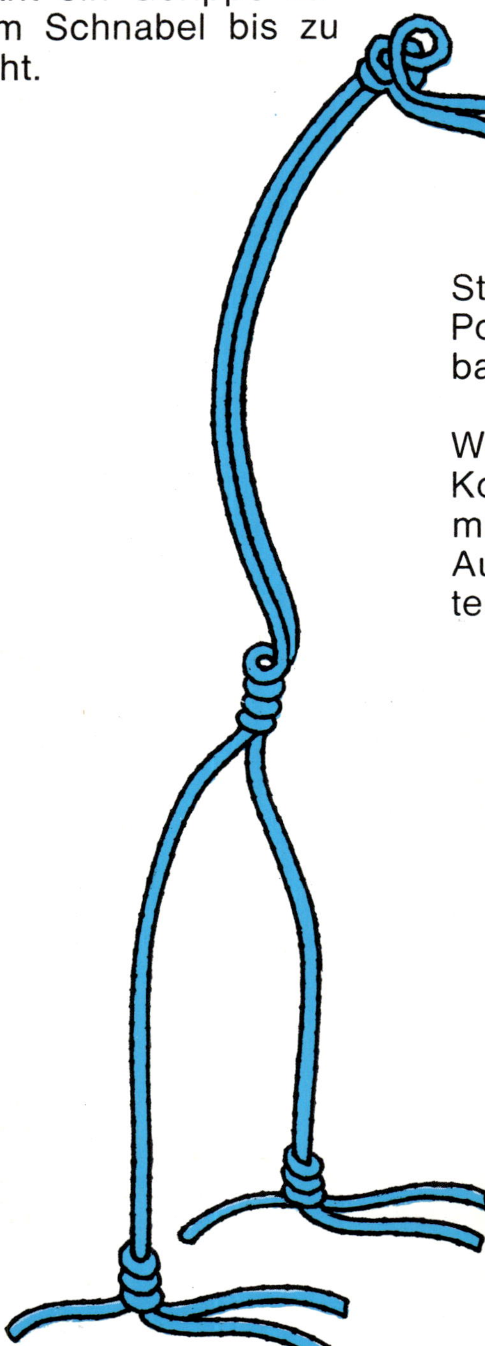

Stecke den Körper durch einen Pompon. Wie man einen Pompon bastelt, erfährst du auf Seite 46.

Wickle rosa Wolle um Hals und Kopf. Schnabel und Füße werden mit gelber Wolle umwickelt. Die Augen sind zwei schwarze Pailletten.

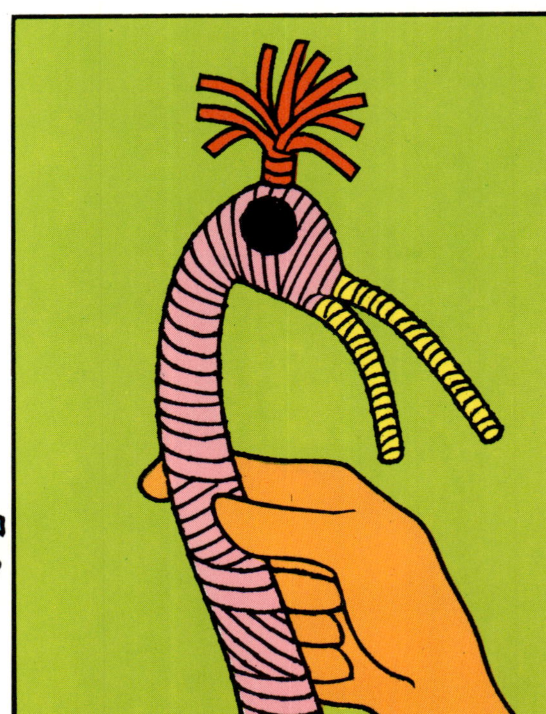

Kamm und Schwanz bestehen aus Wollfäden, die an den richtigen Stellen angenäht werden.

Ähnliche Vögel kannst du basteln, wenn du das Gerippe änderst und andersfarbige Wollfäden benutzt.

MATERIAL:
- Stramin
- Schere
- Stopfnadel
- Bast in verschiedenen Farben
- Bleistift

FISCH AUS BAST

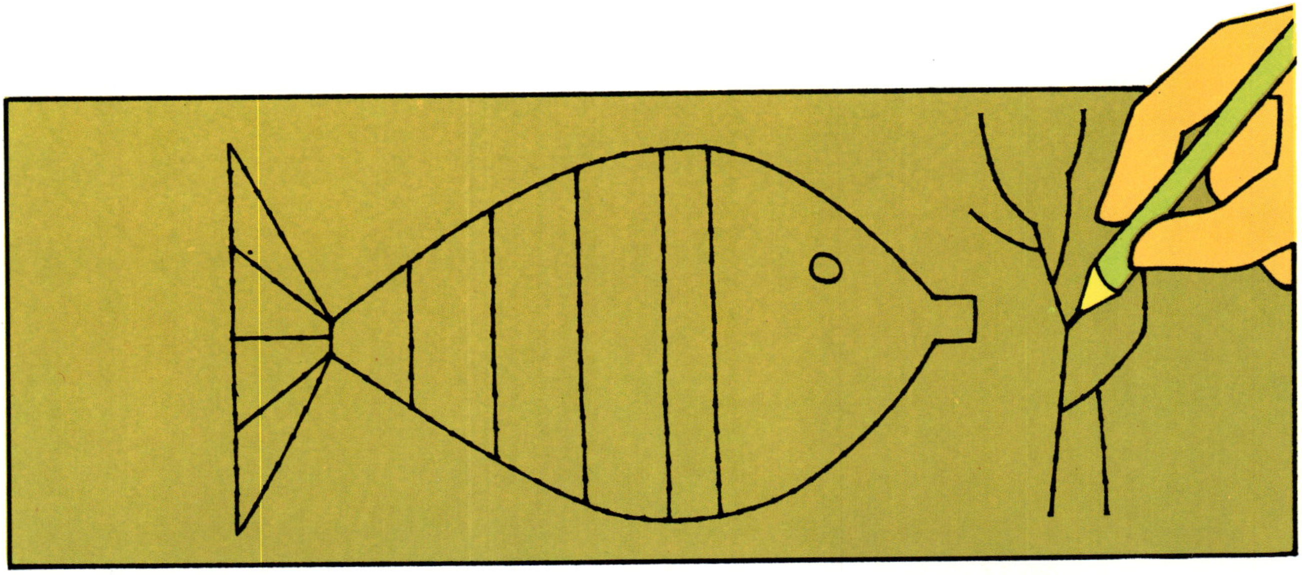

Zeichne auf einem Stück Stramin das hier gezeigte Muster nach.

Nähe das Muster mit Bast nach.

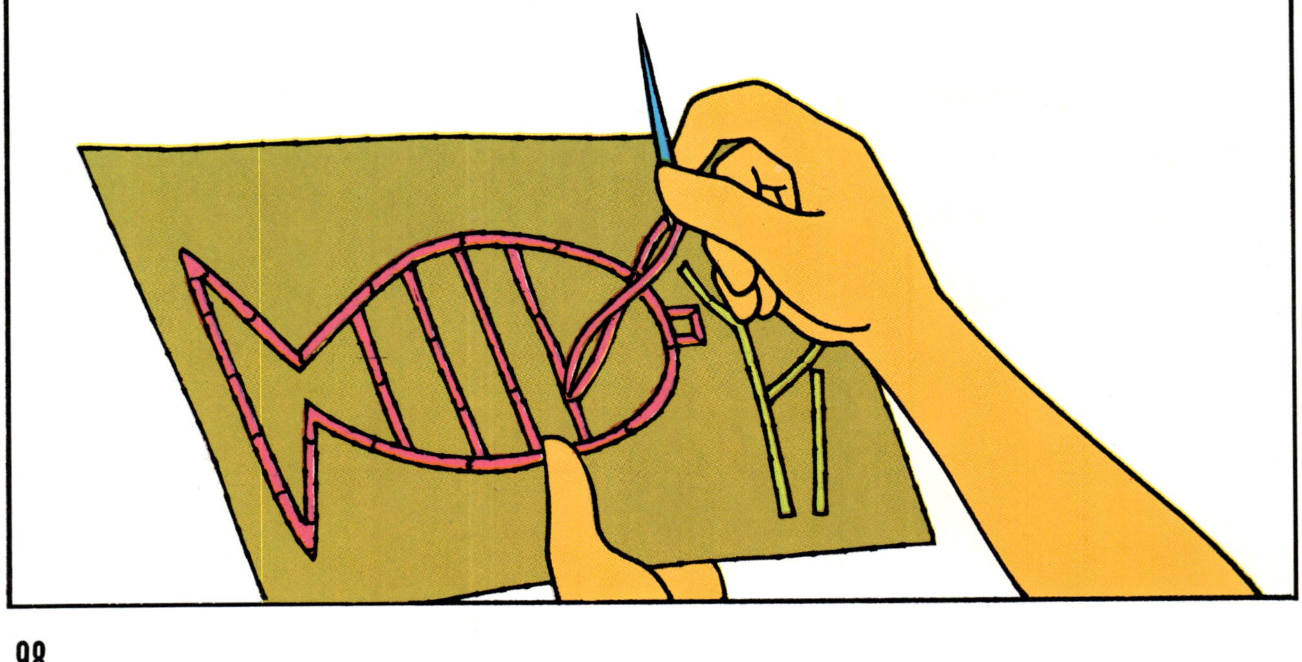

Fülle nun die Zwischenräume mit buntem Bast aus.

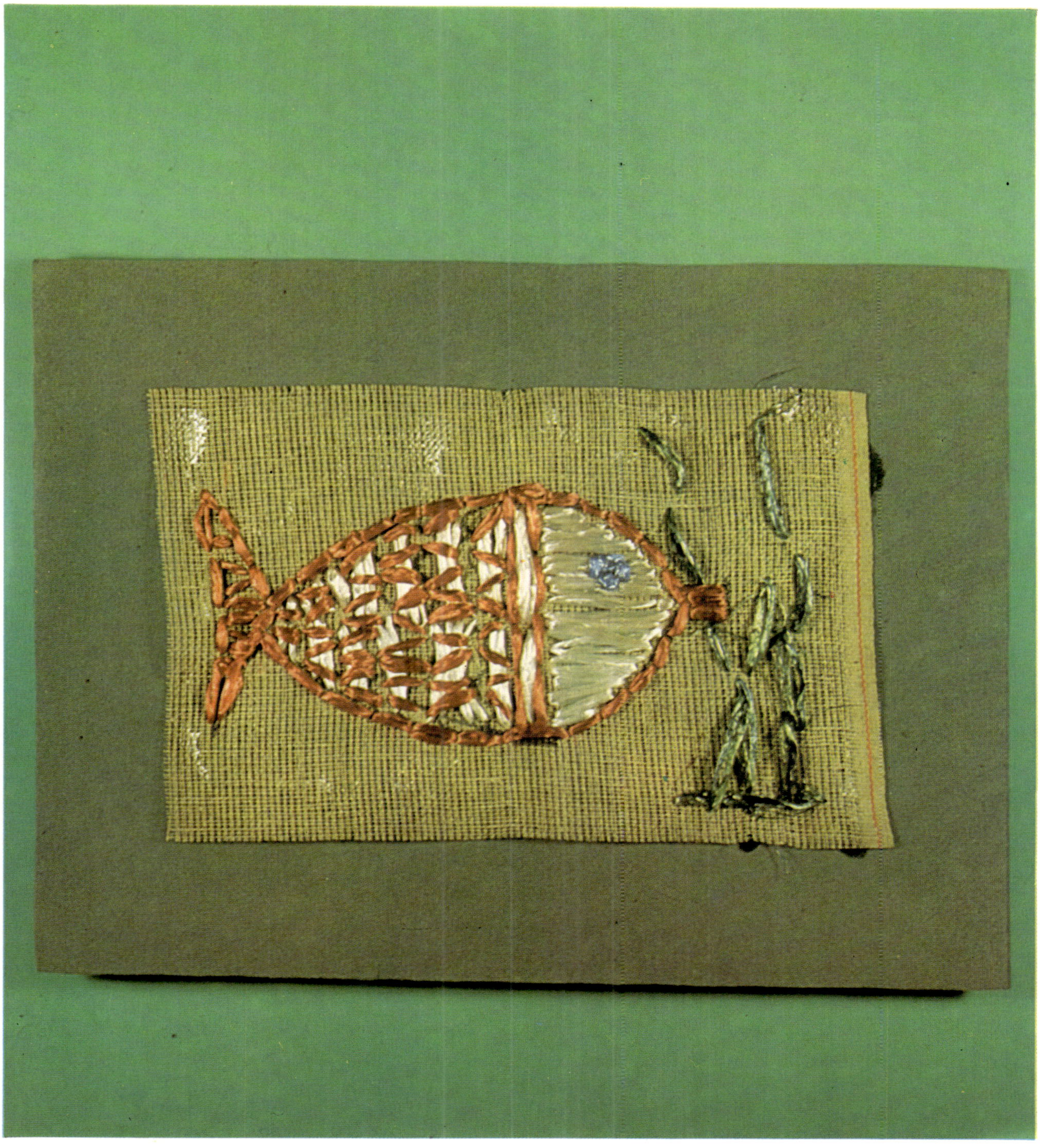

MATERIAL:
- Karton
- Buntpapier
- Kordel
- Schere
- Klebstoff
- Bleistift

BÄUME

Schneide ein Rechteck aus Karton und beklebe es mit Buntpapier.

Zeichne ein Muster auf das Buntpapier. Fülle das Muster mit Kordel und andersfarbigem Buntpapier aus.

MATERIAL:
- feines Leinen
- dickerer Stoff in verschiedenen Farben
- Papier und Bleistift
- Schere
- Nadel und Faden
- Klebstoff

VORHANG

Schneide ein Stück Leinen so groß zu, wie du es haben möchtest.

Umsäume alle Seiten.

Zeichne mit Bleistift ein Bild auf ein Stück Papier und übertrage es auf den Stoff.
Fülle das Bild nun mit bunten Stoffstücken aus.

Schneide Streifen aus Leinen und umsäume sie.

Knicke sie halb um und nähe sie an der Rückseite des Vorhangs an.

Zum Schluß stecke einen Stab durch die Schlaufen und hänge den Vorhang auf.

Versuche, deinen Zimmerschmuck hübsch, praktisch, billig und originell zu machen. All dies trifft auf diesen Vorhang zu, und er ist außerdem leicht zu basteln.

MATERIAL:
- bedruckter Stoff
- blauer Stoff
- blauer und rosa Filz
- Nadel und Faden
- Papier und Bleistift
- Schere
- Klebstoff

HANDPUPPE

Zeichne auf Papier die Form A und schneide sie aus. Dann schneide diese Form zweimal aus bedrucktem Stoff aus. Nähe sie von links entlang der gestrichelten Linien zusammen.

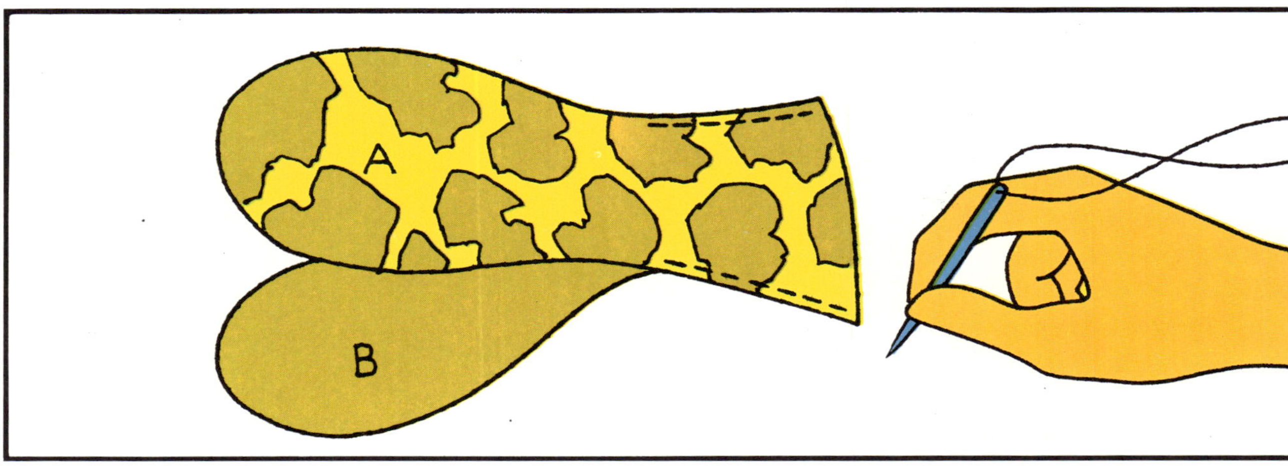

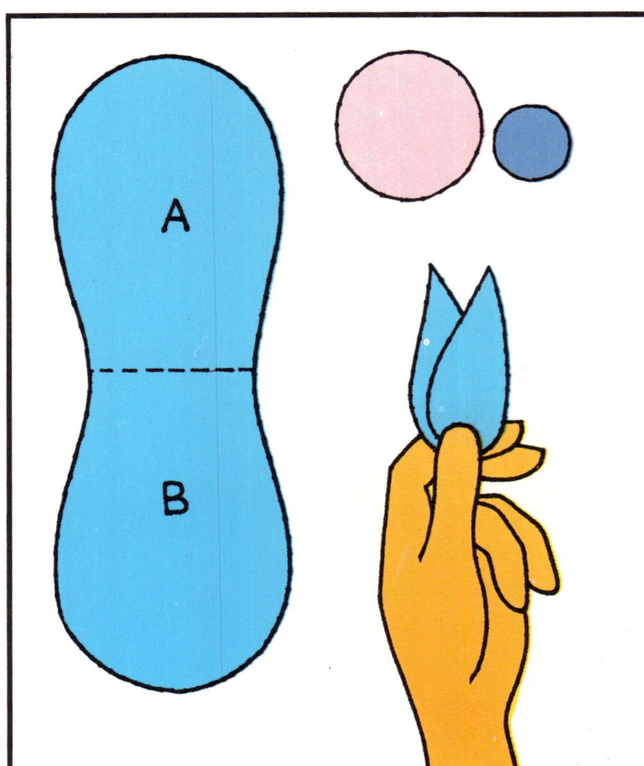

Schneide die blaue Form rechts aus blauem Stoff zu. Knicke sie entlang der gestrichelten Linie und nähe sie innen an den gemusterten Stoff, A auf A und B auf B. Wende den Handschuh.

Die Ohren sind zwei Teile, wie sie die Hand auf der Zeichnung rechts hält. Nähe sie an der richtigen Stelle an.

Die Augen sind rosa und blaue Filzstücke, die auf die Handpuppe aufgeklebt werden.

MATERIAL:
- bedruckter Stoff
- schwarze Wolle
- schwarzer Filz oder Stoff
- Nadel und Faden
- Schere
- Füllmaterial

HUND

Zeichne dieses Muster mit den angegebenen Maßen auf Papier. Dann lege es auf den Stoff und schneide es aus.

Nähe den Stoff von links zusammen, und zwar jeweils die auf dem Muster mit gleichen Buchstaben bezeichneten Seiten (A auf A usw.).

Laß die Seiten B offen und wende den Stoff.

Fülle den Hund mit Füllmaterial und nähe die Öffnung mit schmalen Stichen zu.

Die Ohren, die Schnauze und der Schwanz werden aus schwarzer Wolle gemacht. Die Augen sind Kreise aus schwarzem Filz.

MATERIAL:
- Leinen
- Federn
- Akrylfarbe
- Stoff
- bunter Filz
- Schere
- Klebstoff
- Nadel und Faden
- Band
- Stricknadel

INDIANERSCHMUCK

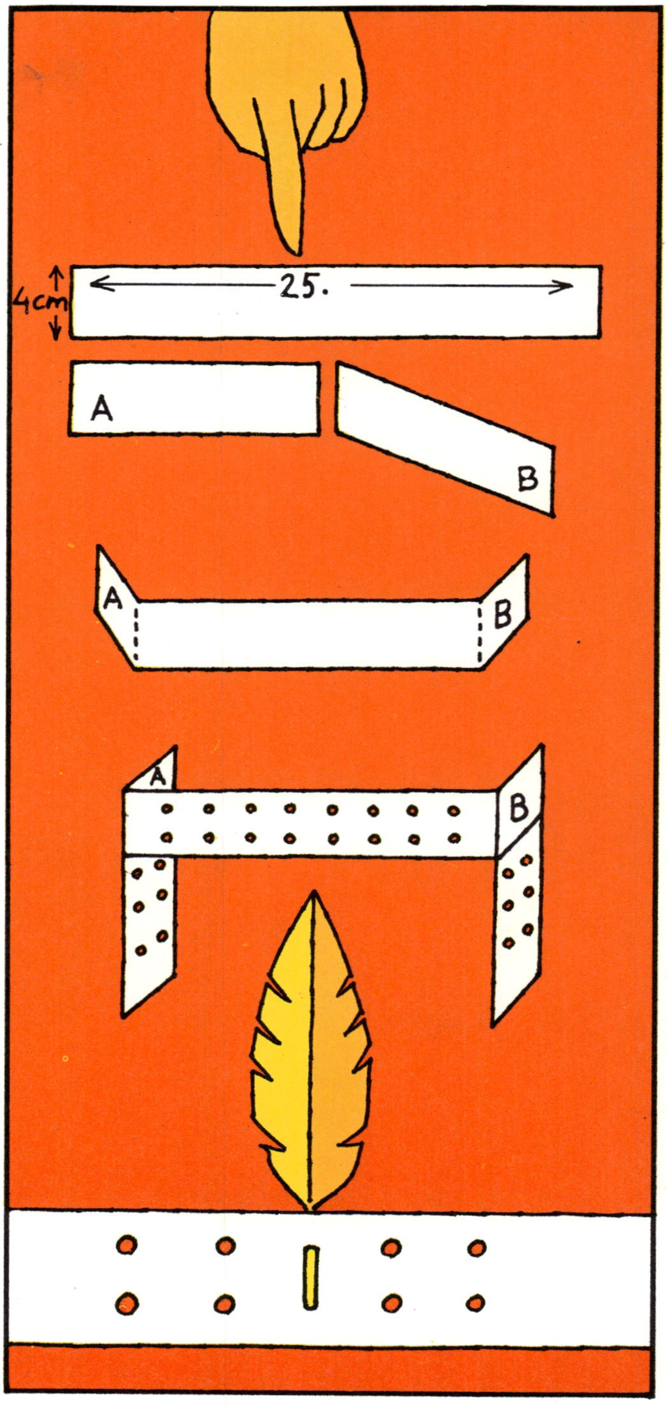

Schneide aus Leinen zwei 25 x 4 cm große Rechtecke aus.

Schneide ein Rechteck in der Mitte auseinander.

Falte das große Rechteck 4 cm von jeder Kante entfernt.

Nähe Teil **A** des kleinen Rechtecks auf Teil **A** des großen. Nähe Teil **B** des kleinen Rechtecks auf Teil **B** des großen.
Bohre mit einer Stricknadel Löcher in den Stoff.

Sammle Federn, bemale sie mit Akrylfarbe und laß sie trocknen. Dann stecke sie durch die Löcher, wie es hier auf dem Bild gezeigt wird.

Beziehe das Leinen mit anderem Stoff, damit die Federkiele und Löcher nicht zu sehen sind.

Klebe Ornamente aus buntem Filz darauf.

Klebe noch einen Leinenstreifen quer darüber.

Nähe an jeder Seite des Federschmuckes ein Band an. Wenn du die Bänder hinten am Kopf zusammenbindest, sitzt dein Indianerschmuck ganz fest.

MATERIAL:
- **dicker Karton**
- **Bleistift**
- **Schere**
- **Stoff**
- **Stecknadeln**
- **Spielzeugtennis-schläger**
- **alte Zahnbürste**
- **Farbe**

STOFFDRUCK

Zeichne auf dicken Karton ein Muster. Schneide es aus, so daß die Stellen, die du drucken möchtest, leer sind.

Nimm Farbe, einen Spielzeugtennisschläger und eine alte Zahnbürste.

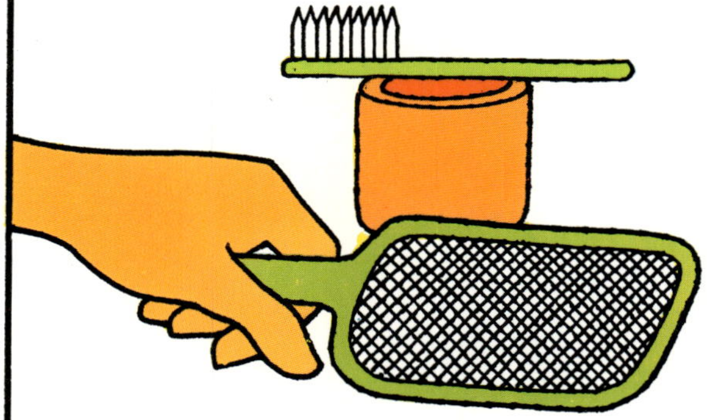

Lege den Stoff, den du bedrucken willst, auf einen Tisch. Dann befestige darauf die ausgeschnittenen Teile mit Stecknadeln.

Tauche die Zahnbürste in die Farbe bürste über den Schläger.

Laß die Farbe trocknen und entferne dann die Stecknadeln und die Pappstücke.

MATERIAL:
- Strohhalme
- Schere
- Faden

SONNE

Schneide 16 gleich lange Strohhalme zu. Lege sie überkreuz, wie es auf dem Bild gezeigt wird. Sie sehen wie Sonnenstrahlen aus.

Führe einen Faden abwechselnd über und unter den Strohhalmen durch.

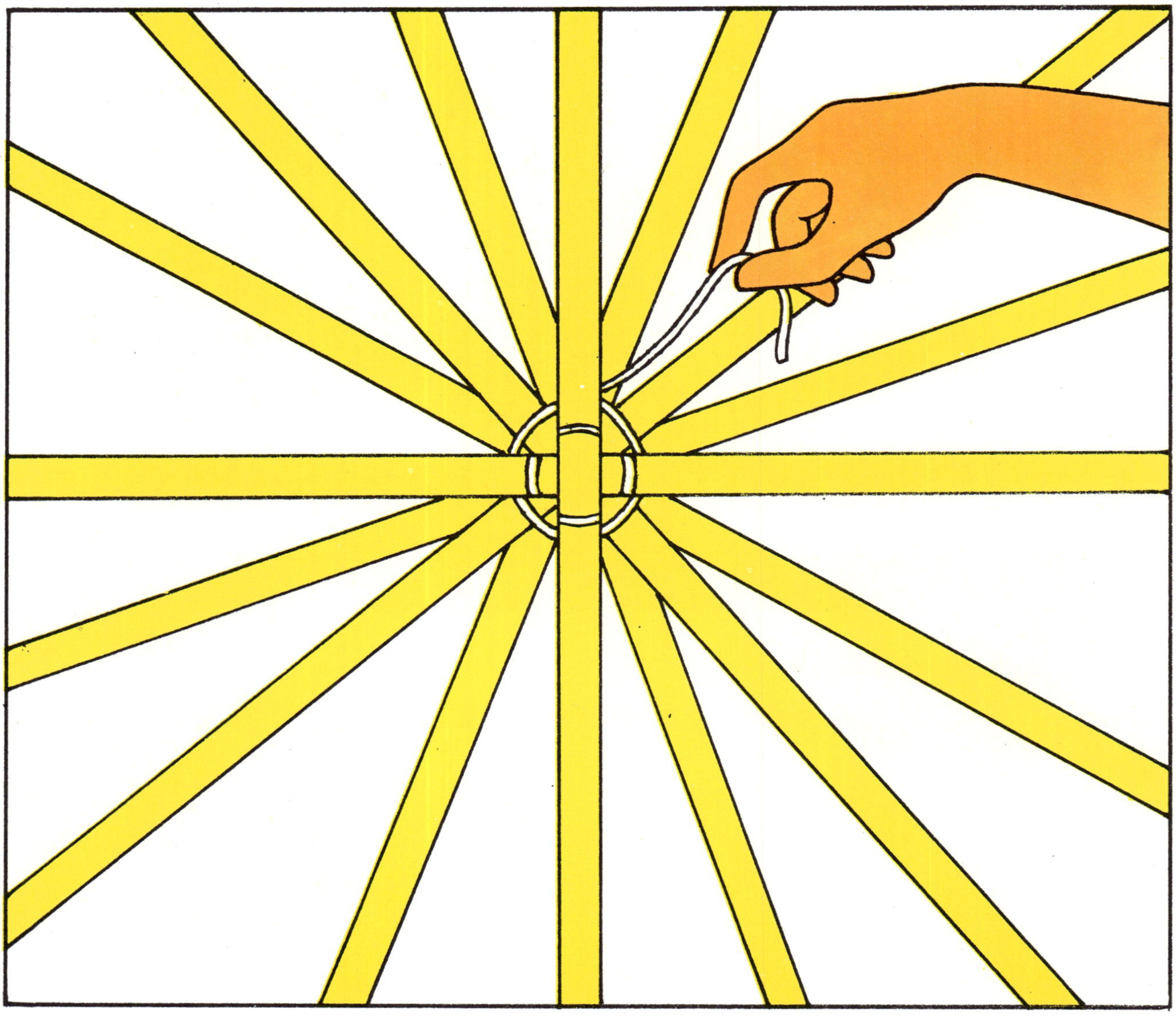

113

MATERIAL:
- **Stoff**
- **Karton**
- **Schere**
- **Klebstoff**

TASCHE

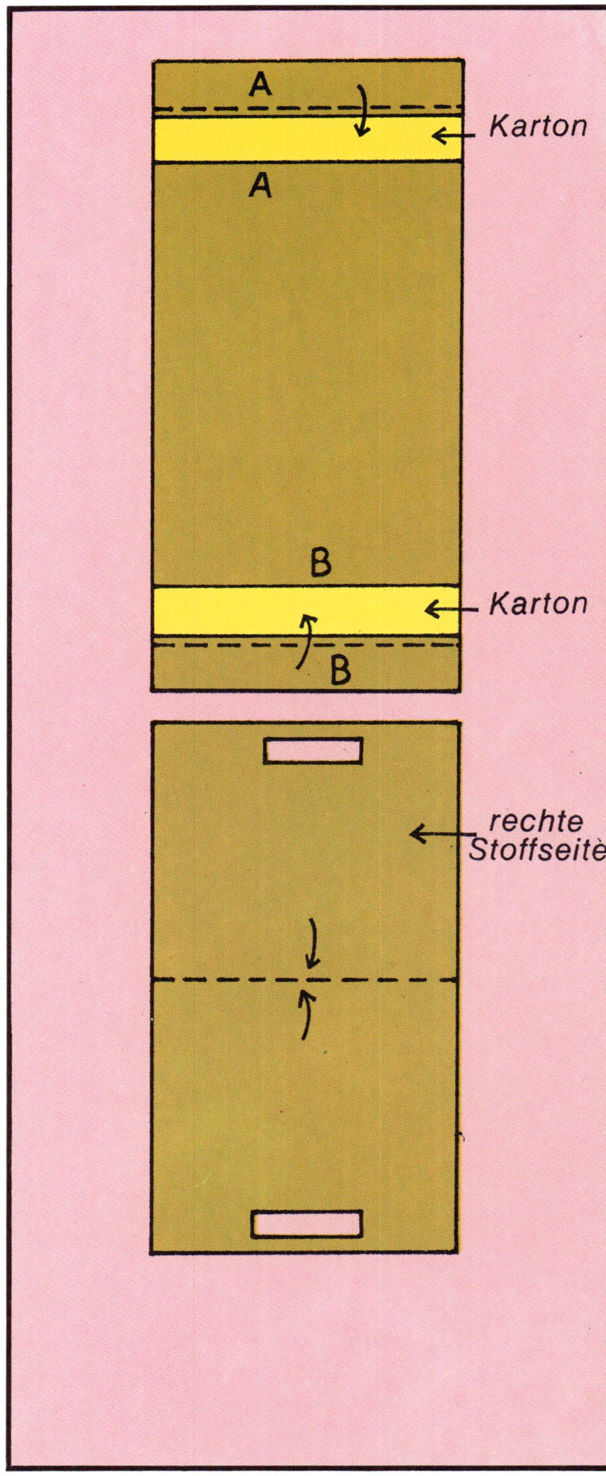

Schneide aus Stoff ein Rechteck mit den Maßen 1,10 m x 34 cm (oberes Bild).

Schneide zwei 5 cm breite und 34 cm lange Streifen aus dünnem Karton (gelb markiert).

Falte den Stoff entlang der gestrichelten Linien in Richtung der Pfeile.

Lege die beiden Streifen auf den Stoff, wie es auf dem Bild zu sehen ist, und klebe **A** auf **A** und **B** auf **B.**

Schneide an jedem Ende ein Rechteck durch Stoff und Karton (unteres Bild).

Knicke das Ganze noch einmal in Richtung der Pfeile, mit den rechten Seiten nach innen.

Nähe den Stoff an den Seiten entlang der gestrichelten Linien zusammen. Wende den Stoff, und die Tasche ist fertig.

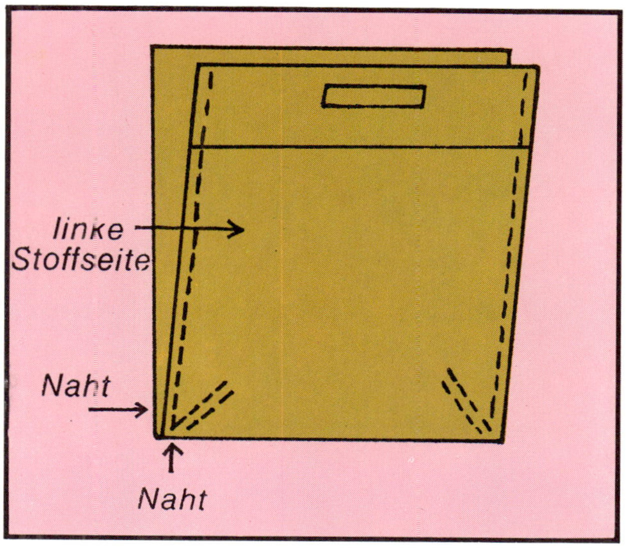

MATERIAL:
- Pappschachtel
- Leinen
- Klebstoff und Pinsel
- Bleistift
- Schere
- Wolle
- Nadel und dicken Faden

KÄSTCHEN

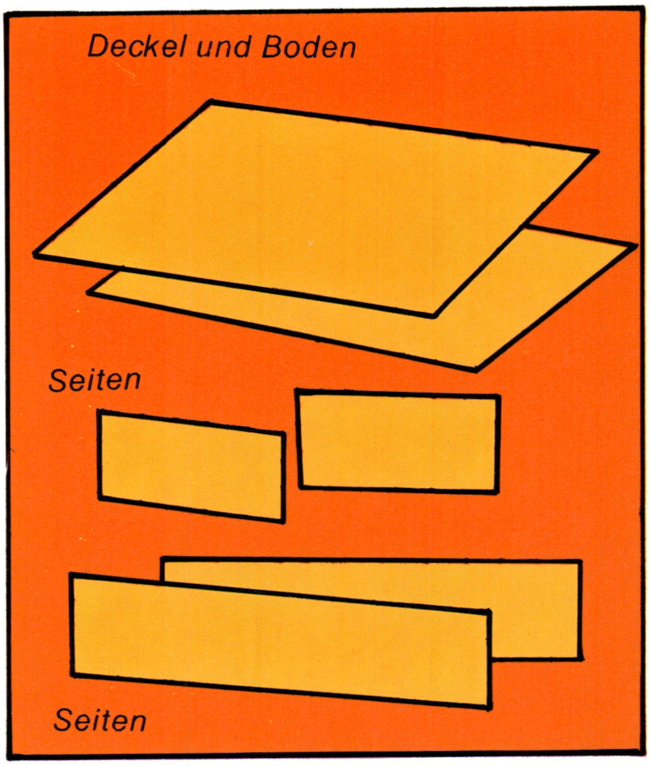

Schneide die Schachtel vorsichtig auseinander und beklebe jedes Teil von beiden Seiten mit Leinenstoff.

Zeichne dann mit Bleistift ein Muster auf eine Seite jeden Teils. Fülle dieses Muster mit Wollfäden aus, die du auf das Leinen aufklebst.

MUSTER FÜR DIE SEITEN

MUSTER FÜR DEN DECKEL

Wenn du mit der Verzierung fertig bist und der Klebstoff trocken ist, nähe die Schachtel mit kleinen Stichen zusammen.

MATERIAL:
- breite, bunte Bänder
- Bleistift
- Wolle
- Klebstoff
- Schere

LESEZEICHEN

Schneide Bänder etwas länger zu als das Buch, für das du das Lesezeichen verwenden möchtest. Zeichne auf jedes Band ein einfaches Muster, das du von oben bis unten wiederholen kannst.

Klebe Wollfäden auf das Muster.

Nähe die Bänder oben mit Wolle zusammen.

Klebe unten kurze Wollfäden als Fransen an, wie es auf dem Bild zu sehen ist.

Mit diesem Lesezeichen kannst du mehrere Seiten eines Buches gleichzeitig markieren.

Auf die gleiche Weise kannst du auch Krawatten oder Borten für Vorhänge machen.

MATERIAL:
- dünner Karton
- Leinen
- Klebstoff
- Schere
- Bleistift
- Kordel

LAMPENSCHIRM

Schneide aus dünnem Karton ein Rechteck.

Klebe auf beide Seiten Leinenstoff.

Übertrage auf das Leinen das unten abgebildete Muster.

Klebe Kordel entlang der Linien des Musters auf.

Klebe die kurzen Seiten des Rechtecks zusammen.

Hänge den Lampenschirm mit Kordeln an die Decke, wie auf dem Bild gezeigt.

MATERIAL:
- **Karton**
- **Bleistift**
- **Wolle**
- **Klebstoff**

TEPPICH MIT VOGELMUSTER

Schneide ein Stück Karton so groß zu, wie du den Teppich haben möchtest.

Zeichne zwei Vögel auf den Karton.

Fülle nun die Bilder und den Hintergrund ganz mit Wolle. Wähle Farben, die gut zueinander passen.

Auf dem Bild unten zeigen wir dir, wie die Wolle aufgeklebt wird.

Versuche, den Wollfaden erst dann abzuschneiden, wenn die Fläche, die du ausfüllen willst, vollständig bedeckt ist.

Auf die gleiche Weise kannst du viele andere Dinge mit selbst ausgedachten Mustern anfertigen.

TAUBEN

Das Material ist das gleiche wie auf der vorigen Seite.

Übertrage den Umriß der Tauben auf Durchschlagpapier und pause ihn dann auf ein Stück Karton.

Klebe Wolle um die Tauben herum. Folge dabei den Linien auf dem Bild. Mach so lange weiter, bis die ganze Fläche ausgefüllt ist.

Du kannst auch, wie auf dem Bild links, die Tauben ausfüllen und den übrigen Raum mit Wollmustern verzieren.

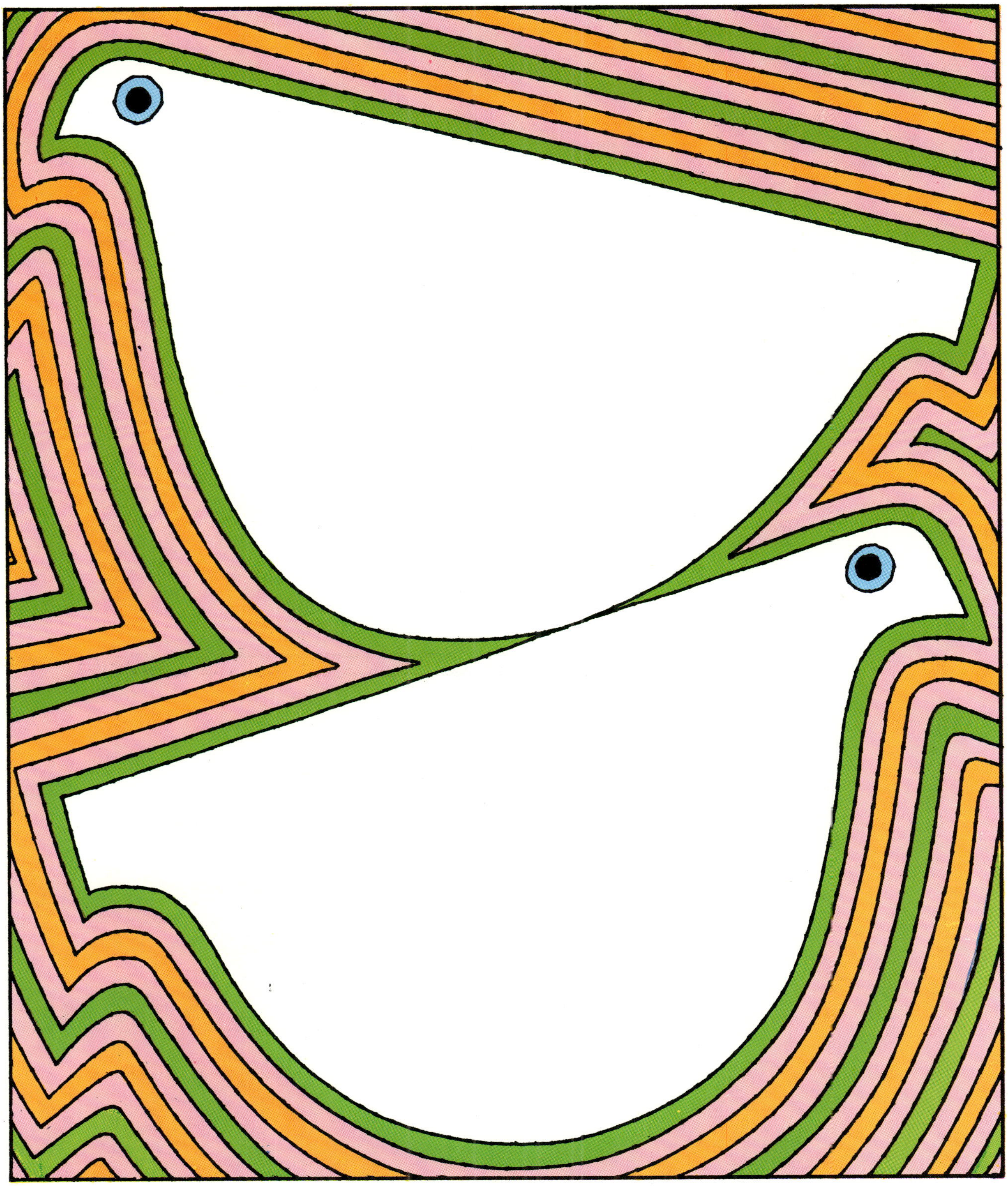

MATERIAL:
- **Wolle**
- **Papier und Bleistift**
- **Zirkel**
- **Stopfnadel**
- **Schere**

PERÜCKE

Schneide etwa 70 cm lange Wollfäden zu.

Binde mit einem Wollfaden nacheinander jeweils drei Fäden in der Mitte zusammen.

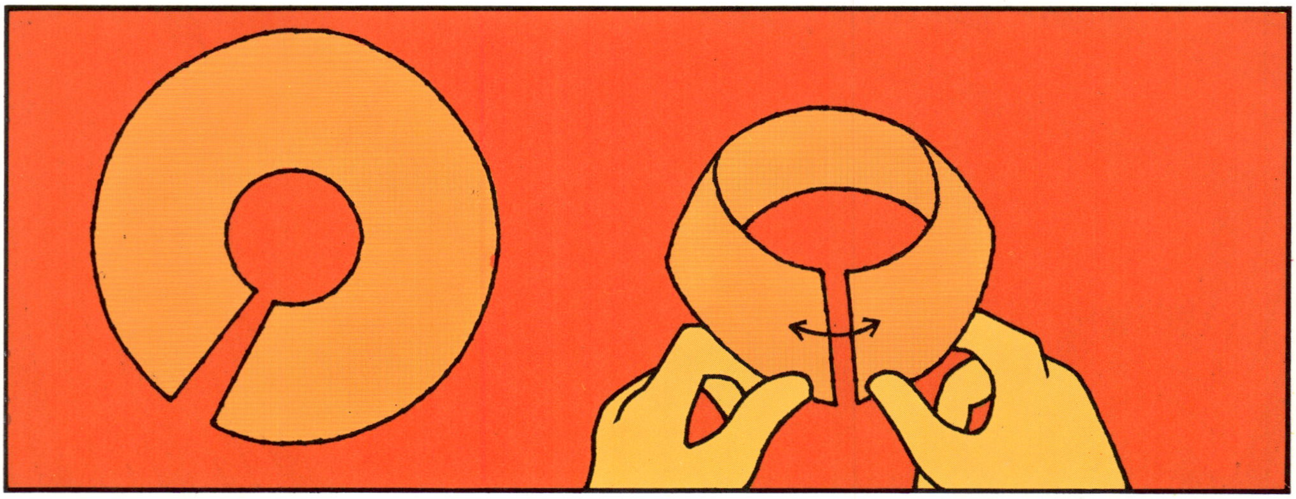

Zeichne dieses Muster auf ein Stück Papier und übertrage es dann auf festen Stoff, der die gleiche Farbe wie die Wolle haben soll. Schneide es aus. Nähe die Enden zusammen.
Du erhältst eine Kappe, auf der du die Perücke befestigen kannst.

Nähe die Perücke auf die Kappe. Verwende dafür Wolle in der gleichen Farbe.
Schneide die Fäden unten gerade. Du kannst die Perücke offen tragen oder sie mit einer Schleife zu einem Pferdeschwanz zusammenbinden.

MATERIAL:
- **Weiche Stöckchen oder Strohhalme**
- **Klebefilm**
- **Stecknadeln**
- **Schere**

KLEINER ESEL

Schneide alle Stöckchen gleich lang, nur einer muß länger sein.

Lege sie nebeneinander und klebe sie an beiden Seiten mit Klebestreifen zusammen, wie es auf dem Bild zu sehen ist. Klebe die Enden der Klebestreifen zusammen, und du erhältst den Rumpf des kleinen Esels. Stecke durch den Rumpf das längere Stöckchen. Dies soll der Hals und der Schwanz sein.

Der Kopf wird genauso wie der Rumpf gemacht, nur kleiner. Die Ohren sind zwei Stöckchen, die mit Stecknadeln am Kopf befestigt werden.

Die Beine sind vier Stöckchen, die auch mit Stecknadeln am Rumpf befestigt werden.

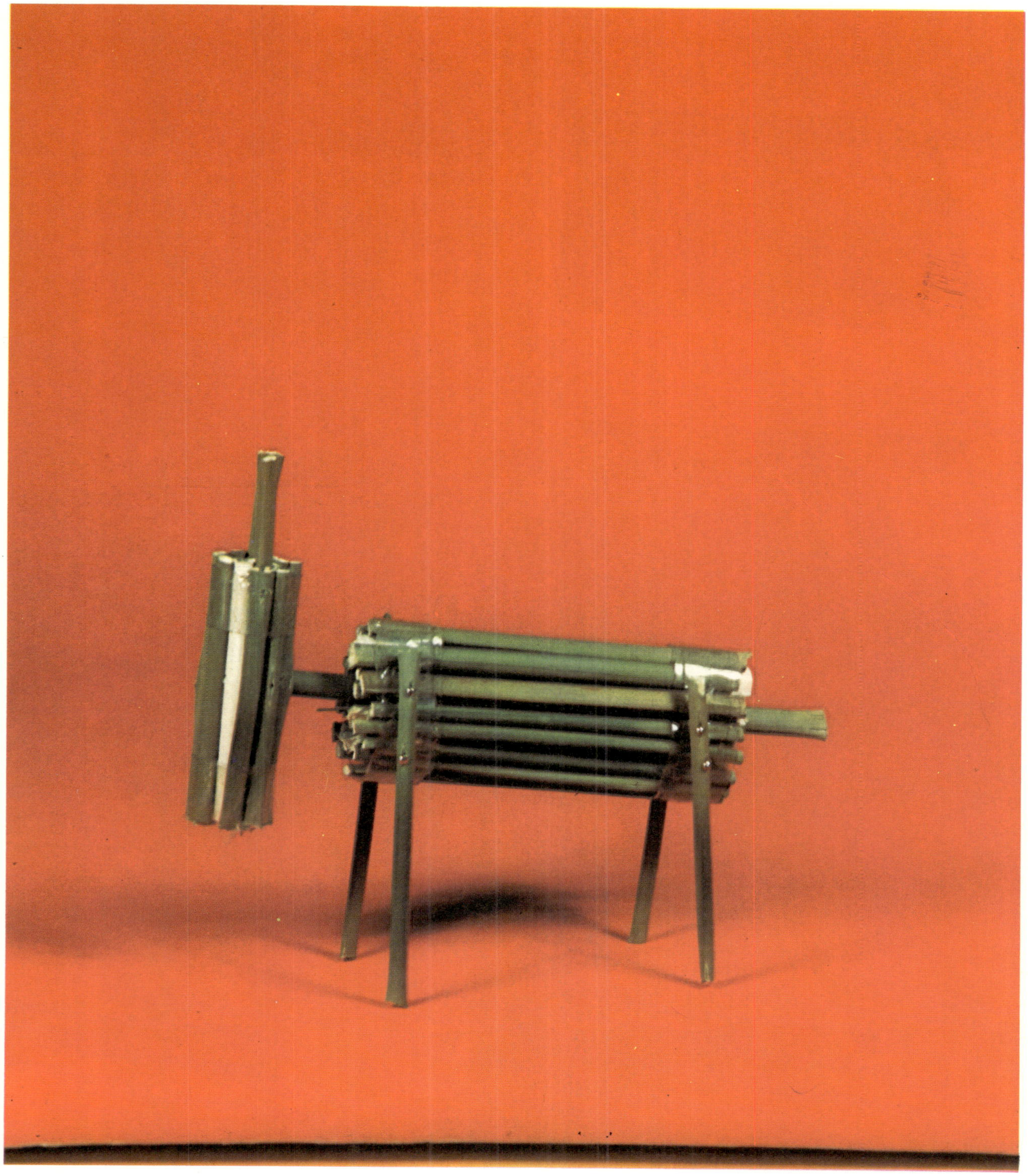

MATERIAL:
- Pappschachtel
- Schere
- Klebstoff
- bunte Stoffstücke
- Karton

SCHMETTERLINGE

Schneide aus dünnem Karton ein Rechteck. Falte es in der Mitte. Übertrage das Muster der Vorlage und schneide entlang der Linien aus.

Knicke an den gestrichelten Linien in Pfeilrichtung.

Klebe Samt oder anderen weicher Stoff (rot) auf die Beine und den Körper, wie hier gezeigt.

Schneide Flügelformen wie auf dem linken Bild aus buntem Stoff und klebe sie auf die Pappflügel. Wenn du willst, kannst du die Schmetterlinge in eine Pappschachtel setzen.

MATERIAL:
- **Stoff**
- **Füllmaterial**
- **Nadel und Faden**
- **Wolle**
- **Häkelnadel**

KISSEN

Schneide zwei viereckige Stücke Stoff zurecht und nähe sie von links zusammen. Laß eine kleine Öffnung, durch die du das Füllmaterial stopfen kannst.

Mit der hier gezeigten Häkelarbeit kannst du beide Seiten des Kissens oder auch nur eine bedecken.

Für das Kissen auf dem Bild wurde nur Wolle einer Farbe verwendet. Du kannst aber auch mehrere Farben wählen.

Die Zeichen auf dem Muster bedeuten:

(.) eine Luftmasche
(I) ein Stäbchen

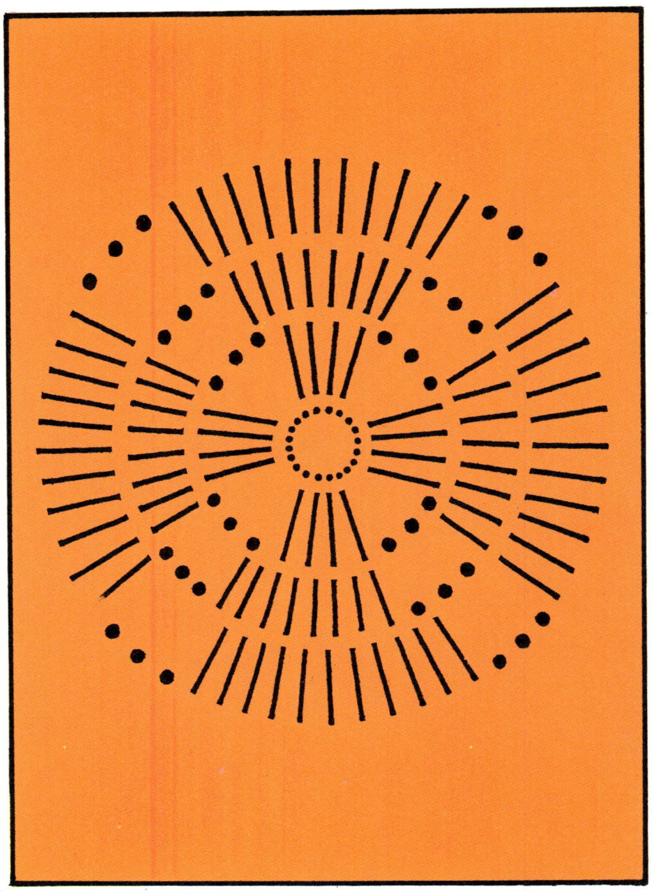

MATERIAL:
- **Filz in zwei Farben**
- **Knöpfe**
- **Schere**
- **Klebstoff und Pinsel**
- **Nadel und Faden**
- **Zentimetermaß**

GÜRTEL AUS FILZ

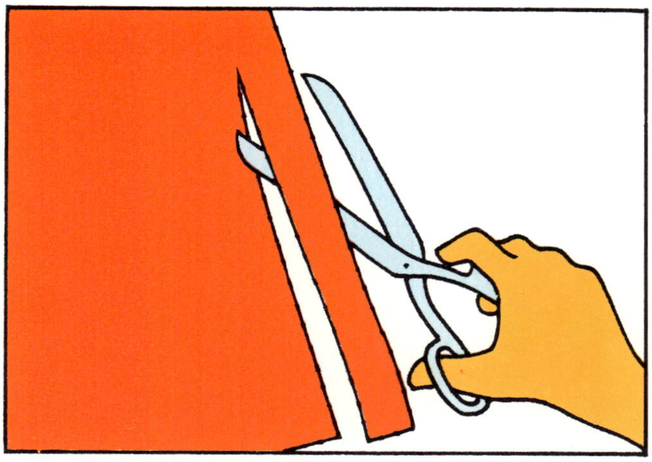

Miß deine Taillenweite mit dem Zentimetermaß. Schneide aus Filz einen 6 cm breiten Streifen, der gut um deine Taille paßt.

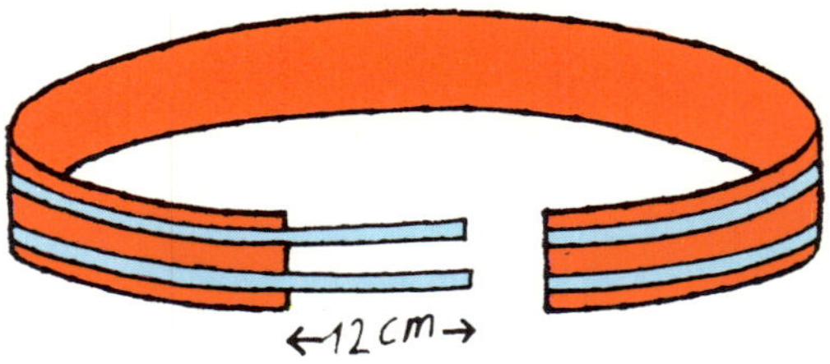

Schneide aus andersfarbigem Filz zwei 1 cm breite Streifen, die 12 cm länger als dein erster Streifen sein sollen.

Klebe diese beiden Streifen etwa einen halben Zentimeter von den Kanten auf den breiten Filzstreifen. Die zusätzlichen 12 cm sollen nur an einer Seite überstehen.

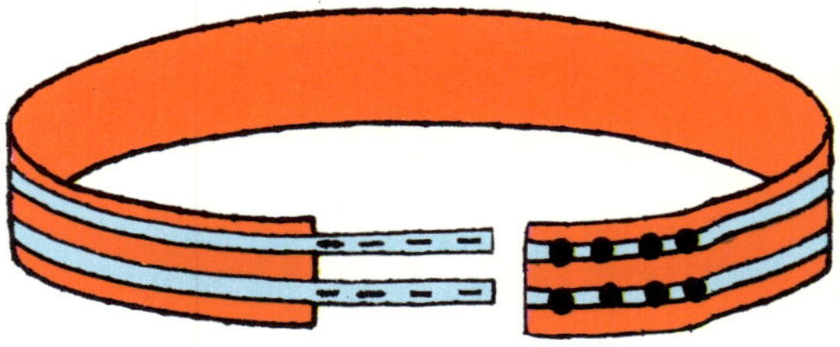

Auf der anderen Seite nähe auf jeden der schmalen Streifen vier Knöpfe im Abstand von 3 cm.

Schneide in jeden der beiden überstehenden schmalen Streifen vier Knopflöcher im Abstand von 3 cm.

Der auf dem Bild unten gezeigte Gürtel ist aus rotem Filz, die schmalen Streifen sind blau und die Knöpfe schwarz.
Denk dir andere Farbzusammenstellungen aus, die zu dem Kleid passen, zu dem der Gürtel getragen werden soll.

MATERIAL:
- großes Brett als Unterlage
- Bleistift
- Schere
- dünner Karton
- Bürste
- Stoffmalfarbe
- Stecknadeln
- Stoff zum Bedrucken

STOFFDRUCK

Zeichne den Umriß eines Musters auf dünnen Karton. Schneide es aus.

Befestige den Stoff, den du bedrucken möchtest, auf dem Brett. Stecke auch die Kartonschablone wie hier mit Stecknadeln auf dem Stoff fest.

Nimm eine Stoffmalfarbe und einen Pinsel, dessen Haare gerade abgeschnitten sind.

Male mit dem in Farbe getauchten Pinsel den Ausschnitt in der Schablone aus.
Laß die Farbe trocknen. Entferne Stecknadeln und Karton, und schon ist der Stoff bedruckt! Auf diese Weise kannst du den ganzen Stoff mit Mustern bedrucken.

MATERIAL:
- **Weiche Stöckchen**
- **Schere**
- **Klebefilm**
- **Nadel**
- **Klebstoff**
- **Stecknadeln**

VOGEL

Schneide eine Handvoll Stöckchen gleich lang zu und lege sie nebeneinander.

Klebe wie auf dem Bild zwei Streifen Klebefilm darüber.
Dann klebe die Enden der Klebefilmstreifen zusammen, so daß du eine Röhre erhältst.

Für den Kopf wickle um das obere Ende der Röhre ein Stöckchen.

Für den gefächerten Schwanz durchbohre die Stöckchen in gleicher Höhe mit einer dicken Nadel und stecke durch die Löcher ein besonders dünnes Stöckchen.

Für die Flügel stecke mehrere Stöckchen durch den Körper. Ihre Enden öffnen sich auf die gleiche Weise wie der Schwanz zu einem Fächer.
Befestige die Flügel mit Stecknadeln oder Klebefilm am Körper.

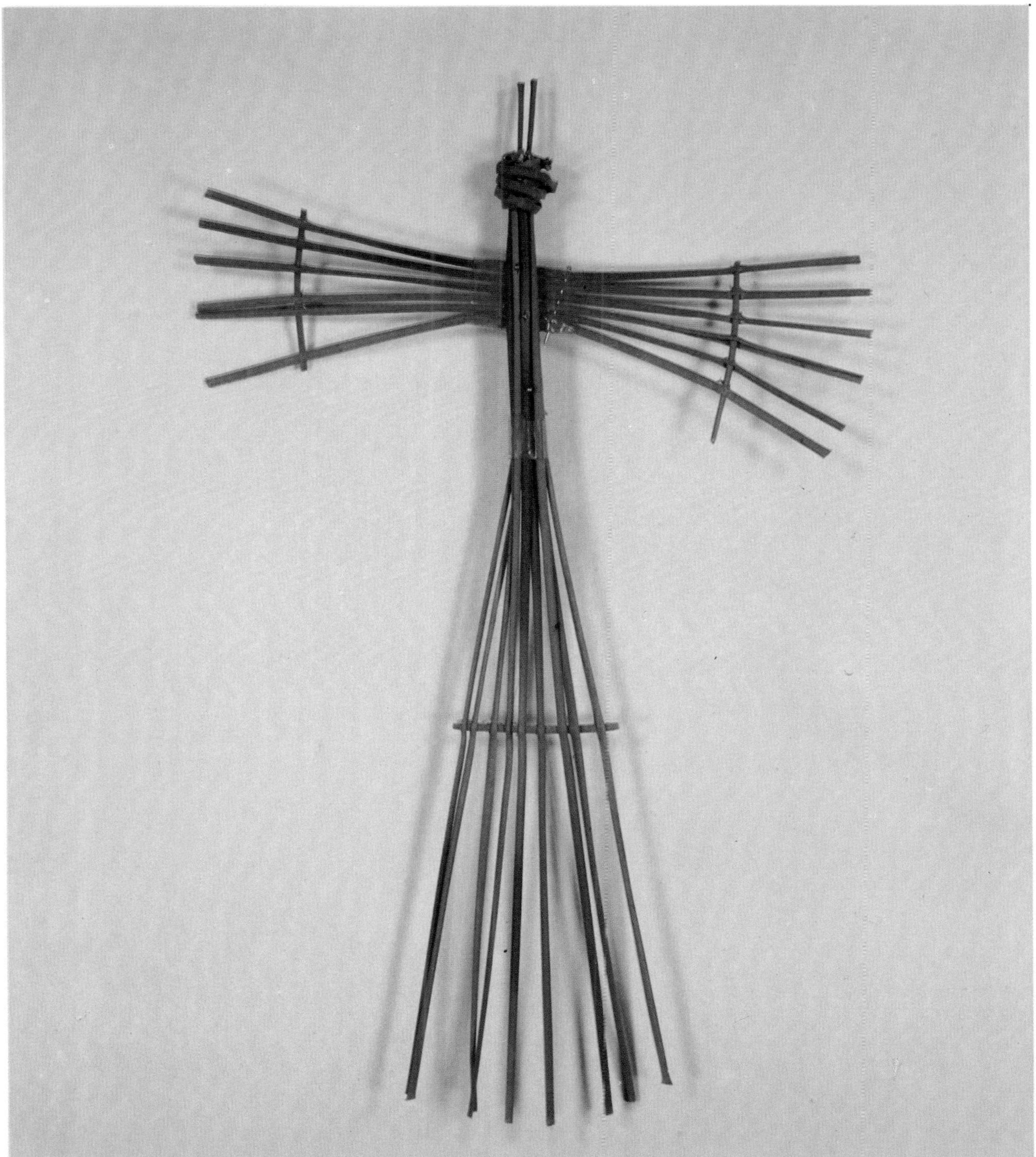

MATERIAL:
- Karton
- Glanzpapier
- Bast
- Schere
- Klebstoff
- breite Baststreifen

KÖRBCHEN AUS BAST

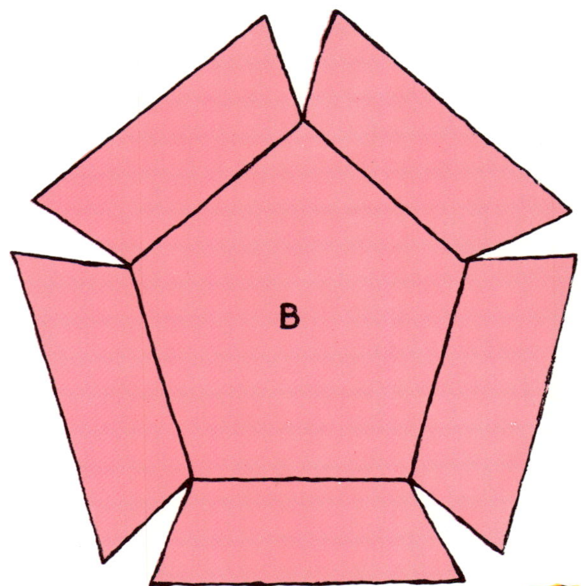

Zeichne dieses Muster auf ein Stück Karton. Schneide es aus.

Schneide aus Glanzpapier ein Fünfeck aus, das so groß ist wie der Boden **B.** Klebe es darauf.

Klappe die Seitenkanten nach oben.

Wickle zwei Knäuel aus Bast in verschiedenen Farben.

Führe eine Bastfarbe einmal vor und einmal hinter den Klappen durch, bis du zweimal ganz herum bist. Nimm nun das andere Knäuel und mache das gleiche.

Mache so, abwechselnd mit beiden Farben, bis zur oberen Kante weiter.

Klebe auf die oberen Kanten des Körbchens breite Streifen aus Bast oder aus Glanzpapier, wie es hier auf dem Bild zu sehen ist. Die Streifen sollen die gleiche Farbe wie der Boden des Körbchens und eins der Bastknäuel haben.

MATERIAL:
- Karton
- Schere
- Klebstoff
- Kordel
- Durchschlagpapier
- Bleistift

VOGEL

Auf den nächsten Seiten zeigen wir dir mehrere Bastelarbeiten, für die Kordel verwendet wird. Die erste ist ein Vogel.

Übertrage das auf der linken Seite gezeigte Muster auf Durchschlagpapier und pause es auf Karton.

Schneide den Umriß des Vogels aus.

Klebe Kordel entlang der gezeichneten Linien auf.

ENGEL

Das hier verwandte Material ist das gleiche wie auf der vorigen Seite.

Auch die Methode ist die gleiche. Übertrage die Zeichnung des Engels auf der linken Seite auf Durchschlagpapier und pause sie auf Karton.

Schneide den Umriß des Engels aus und klebe Kordel entlang der gezeichneten Linien.

MATERIAL:

- **Karton**
- **bunte Wolle**
- **Klebstoff**
- **Garnrolle**
- **Schraube**
- **ein Stück Holz**
- **Schere**
- **Zirkel**

SCHIESSSCHEIBE

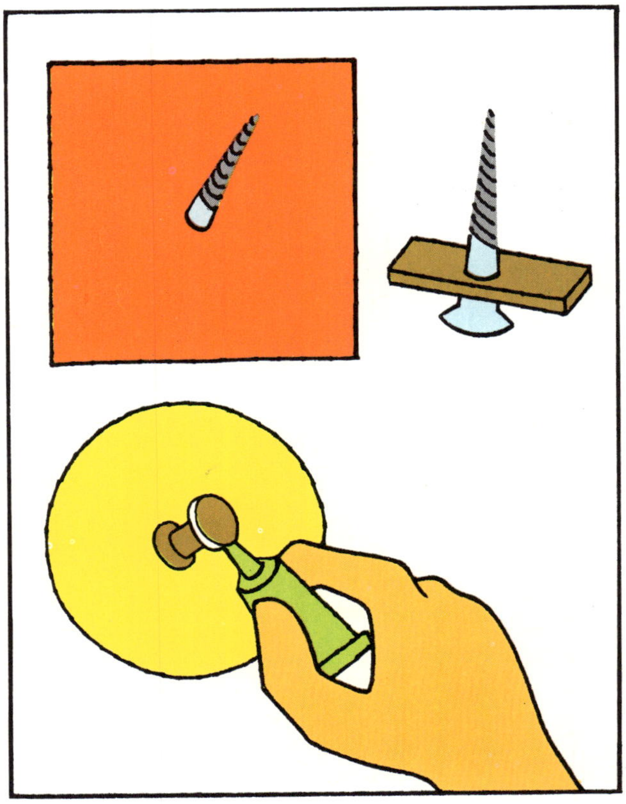

Schneide ein Viereck aus Karton zurecht.
Bohre eine Schraube durch ein Stück Holz, wie rechts gezeigt. Dann bohre die Schraube durch die Mitte des viereckigen Kartons. Klebe das Stück Holz auf der Rückseite des Kartons fest, damit die Schraube festsitzt.

Schneide aus Karton eine runde Scheibe, die kleiner als das Viereck sein soll. Klebe eine Garnrolle in die Mitte der Scheibe.

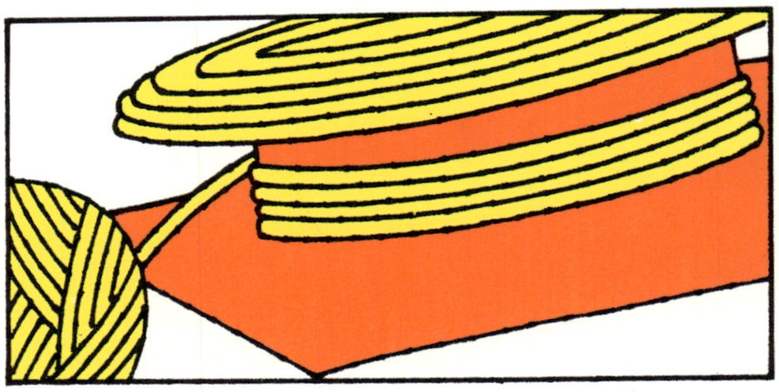

Verziere das Viereck auf der Seite, wo die Schraubenspitze herausragt, und die Scheibe auf der Seite ohne Garnrolle mit Wollfäden, die du in Kreisen aufklebst, wie auf dem großen Bild rechts zu sehen ist.

Wickle um die Garnrolle einen langen Wollfaden und mache am Ende eine Quaste.

Stecke die Schraube in das Loch der Garnrolle. Lege das Ganze auf eine glatte Oberfläche. Ziehe kräftig an der Quaste und laß sie dann los. Die sich drehenden Farben sehen sehr hübsch aus.

Wenn du die Scheibe an die Wand hängst, kannst du sie als Zielscheibe beim Pfeilwerfen benutzen. Auf jeden Fall ist sie aber ein hübscher Wandschmuck.

MATERIAL:
- dünner Karton
- Leinen
- Klebstoff
- Filzstifte
- Stoff
- Wolle
- Schere

FLASCHENHÜLLE

Schneide aus dünnem Karton ein Quadrat oder Rechteck aus. Die Maße hängen von der Größe der Flasche ab. Beklebe die Außenseite des Kartons vollständig mit Leinenstoff.
Klebe die Seite **B** auf die Seite **A**, so daß eine Röhre entsteht.

Nach diesem Grundmuster kannst du alle Flaschenhülsen basteln, die wir dir auf den folgenden Seiten zeigen, und noch viele andere, die du dir selbst ausdenkst.

Die in diesem Buch gezeigten Modelle werden mit Wolle, Filz, oder Schottenstoff verziert. Für zwei werden auch Filzstifte benutzt.

Auf der nächsten Seite zeigen wir dir, wie du am einfachsten den Deckel basteln kannst.

Schneide einen Kreis aus, dessen Durchmesser etwa 1 cm größer ist als der der Röhre. Schneide den Rand rundherum etwa 1 cm ein. Knicke die Einschnitte nach unten und klebe sie innen an die Oberkante der Röhre. Beklebe die Außenseite des Deckels mit Leinenstoff.

Die Verzierungen auf dem Bild rechts sind kurze Wollfäden, die in Halbkreisen auf den Leinenstoff geklebt wurden.

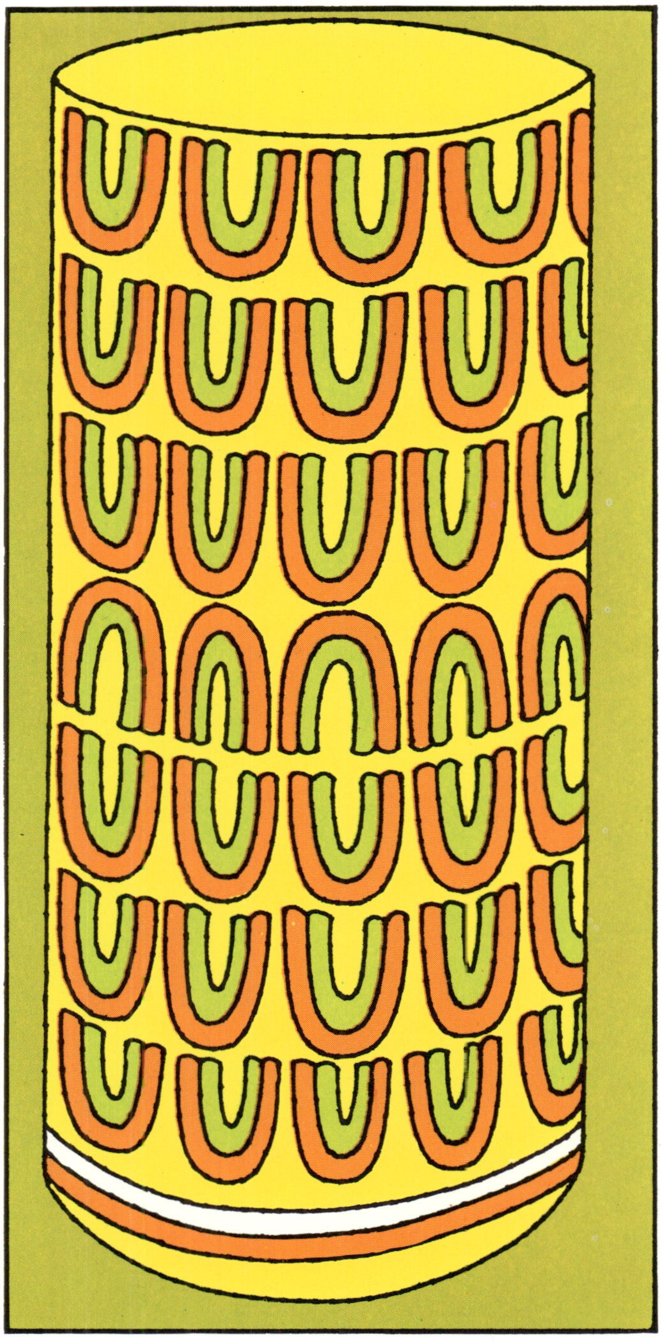

FLASCHENHÜLLE

Diese Flaschenhülsen werden genauso gebastelt wie das Modell auf der vorigen Seite. Auch das Material ist das gleiche.

Nur die Verzierungen sind anders. Das unten gezeigte Modell wurde mit dicken Filzstiften bemalt. Die Baskenmütze ist ein rundes Stück Stoff, das auf den Deckel geklebt wird.

Forme aus dünnem Karton eine Röhre, wie es auf den vorigen Seiten gezeigt wurde. Schneide ein Stück Leinenstoff zu, das die Größe des Kartons hat.
Zeichne mit Bleistift parallele Linien auf den Leinenstoff. Klebe den Stoff auf den Karton.
Schneide aus braunem Filz mehrere gleich große Kreise. Halbiere sie und klebe sie, wie es auf dem Bild zu sehen ist, abwechselnd rechts und links von den Linien, die du vorher gezeichnet hast, auf das Leinen.

FLASCHENHÜLLE

Diese Flaschenhülle sieht wie ein Schotte aus.
Forme aus dünnem Karton eine Röhre. Beklebe sie mit Leinenstoff. Schneide aus verschiedenfarbigem Stoff die einzelnen Teile der Kleidung zu. Klebe sie auf das Leinen, wie es auf dem Bild gezeigt ist. Gesicht und Haare werden mit Filzstiften gemalt.

Mütze:

Schneide zwei Kreise aus Schottenstoff, den du auch für den Kilt benutzt hast. Der Durchmesser soll etwa 6 cm größer als der der Röhre sein.

Nähe die beiden Kreise von links zusammen.

Schneide in einen der Kreise in die Mitte ein Loch, das etwas kleiner als die Röhre ist. Wende die Mütze.

Schneide den inneren Kreis rundherum ein, wie rechts gezeigt. Knicke die Einschnitte nach außen.

Klebe die Falze außen an den oberen Rand der Röhre. Klebe über die Falze ein Band.

Zuletzt wird ein Pompon auf die Mütze genäht. (Wie ein Pompon gemacht wird, erfährst du auf Seite 46.)

MATERIAL:
- bunter Filz
- Draht
- Nadel und Faden
- Schere
- Zierkordel
- dünne Pappe

WIMPEL

Schneide aus Filz ein Rechteck. Knicke eine Seite des Stoffes etwas um und nähe ihn an der gestrichelten Linie zusammen. Stecke durch den Saum ein Stück Draht, den du an den Enden umbiegst.

Denk dir die Verzierungen für deine Wimpel selbst aus.

Schneide die Motive für die Verzierung deines Wimpels aus. Klebe sie auf den Wimpel.

Wenn du ein Stück Zierkordel an den Drahtenden befestigst, kannst du den Wimpel an eine Wand in deinem Zimmer hängen.

Auf der nächsten Seite siehst du zwei Vorschläge zur Verzierung von Wimpeln.

MATERIAL:
- Wolle (Stärke 4) in verschiedenen Farben
- Häkelnadel
- Nähnadel
- Faden

BETTDECKE

Diese Decke wird aus gehäkelten Sechsecken gemacht. Jedes Sechseck wird folgendermaßen gehäkelt:

Erste Reihe: Luftmaschen.

Zweite Reihe: Drei Stäbchen (I I I), zwei Luftmaschen (. .), drei Stäbchen, zwei Luftmaschen und so weiter.

Dritte und folgende Reihen: Wie auf dem Bild unten angegeben.

Nähe die Sechsecke mit schmalen Stichen auf der linken Seite der Häkelarbeit zusammen.

Die Zahl der Sechsecke, die du brauchst, hängt von der Größe des Betts, der Stärke der Wolle und der Häkelnadel ab.

Zum Schluß kannst du noch Fransen an die Decke nähen. Wie sie gemacht werden, findest du auf Seite 44.

MATERIAL:
- Karton
- Stoff
- Schere
- Nadel und Faden
- Gummiband
- Filzstifte oder bunter Stoff
- Klebstoff

BUCHHÜLLE

Schneide ein Stück Karton zu, das etwas größer ist als das aufgeklappte Buch, das du einschlagen möchtest.

Knicke den Karton mehrmals in der Mitte, so daß er sich leicht biegen läßt.

Schneide ein Stück Stoff aus, das größer als der Karton ist, und klebe es auf den Karton. Schlage die Kanten um, wie es auf dem Bild zu sehen ist.

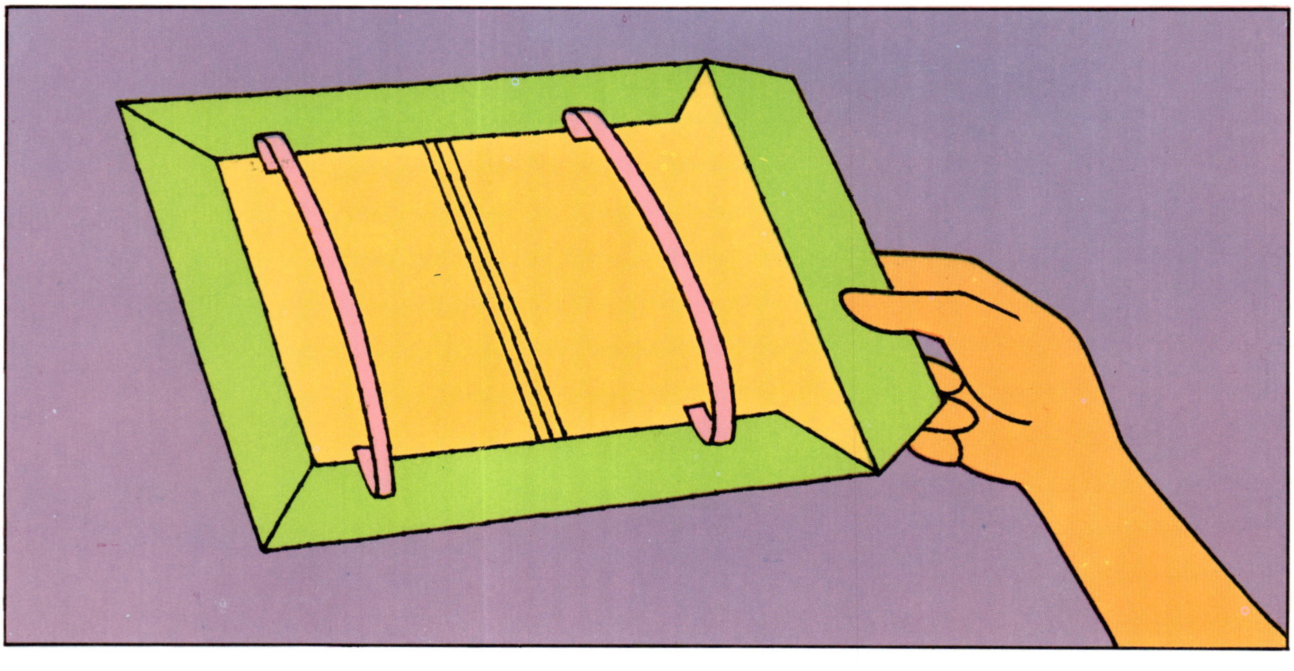

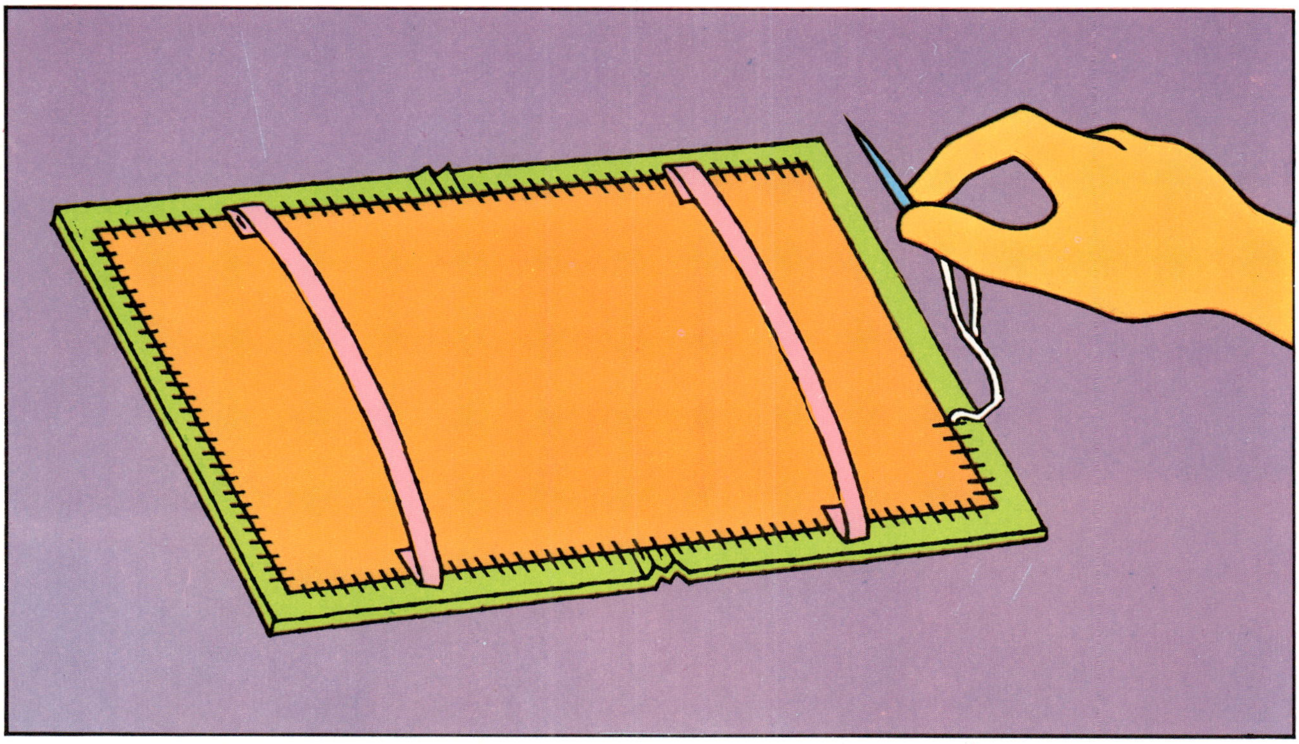

Nähe auf die Rückseite der Buchhülle ein rechteckiges Stück Stoff, so daß der Karton vollständig bedeckt ist.

Nähe zwei Gummibänder an der Innenseite an, wie oben auf dem Bild gezeigt. Durch sie werden dann die Buchdeckel gesteckt.

Wenn du einfarbigen Stoff für die Buchhülle genommen hast, kannst du ihn mit andersfarbigen Stoffstücken verzieren oder mit Filzstiften bemalen.

MATERIAL:
- bunter Filz
- Wolle
- verschiedene Stoffreste
- Nadel und Faden
- Schere
- Watte
- Klebstoff
- Draht

HANDPUPPE: ROTKÄPPCHEN

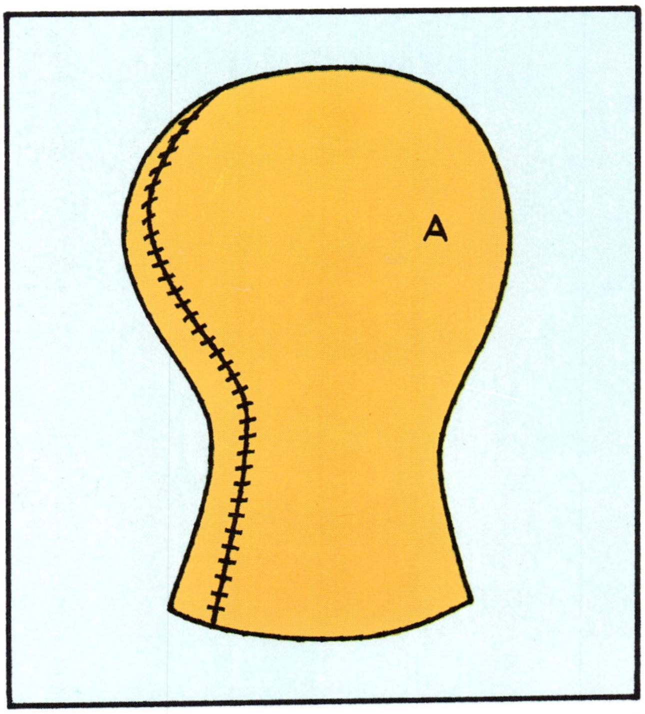

KOPF:

Schneide die Form **A** aus dreifach gelegtem Filz aus.

Nähe die Teile mit kleinen Stichen zusammen, laß aber eine kleine Öffnung. Dies ist der Kopf der Handpuppe.

Fülle ihn mit Watte und schließe die Öffnung.

Klebe kleine bunte Filzstücke als Augen und Mund auf das Gesicht. Die Wangen und die Nase werden mit einem roten Filzstift gemalt.

Klebe Wollfäden, die als Fransen lose herunterhängen, auf den Kopf. Flechte aus der gleichen Wolle zwei Zöpfe und klebe sie an den Seiten des Kopfes an.

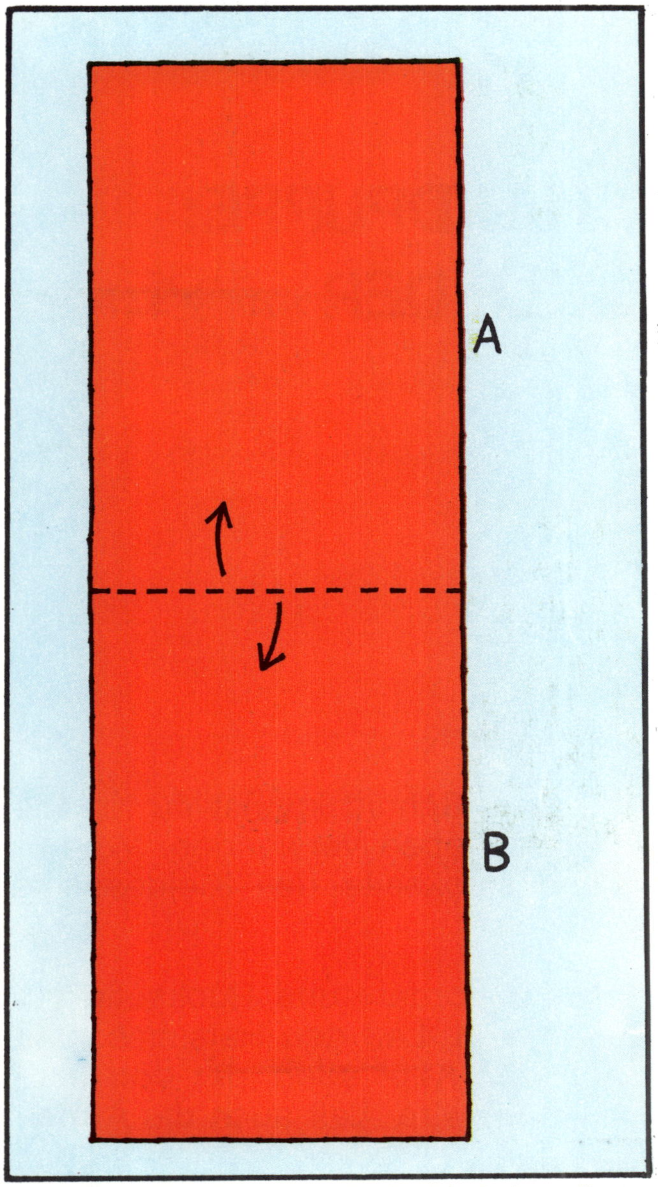

Dies ist der Schnitt für Rotkäppchens Mütze. Sie wird aus rotem Samt gemacht. Falte ihn in der Mitte und nähe die Kanten **A** und **B** zusammen.

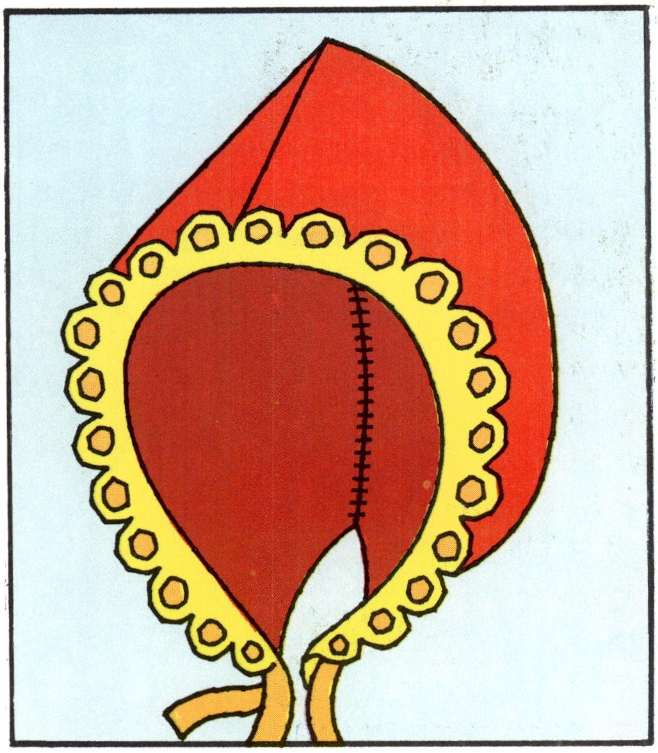

Du kannst den Mützenrand mit einem Stück Spitze einfassen. Befestige zwei Bänder an der Mütze und binde sie zu einer Schleife zusammen.

HANDPUPPE: KLEIDER

KLEIDER:

Diesen Schnitt kannst du für alle Handpuppen verwenden. Vorder- und Rückseite des Kleides sind gleich.

Nähe Vorder- und Rückseite zusammen. Laß den Halsausschnitt für den Kopf offen, der dort festgenäht wird. Laß auch die Ärmelenden für die Hände der Puppe und die unteren Kanten für deine Hand offen.

Puppenkleider können aus Stoffresten in verschiedenen Farben und Mustern genäht werden. Auch die Verzierungen sind unterschiedlich. Sie sollen zu der Figur, die die Puppe darstellen soll, passen.

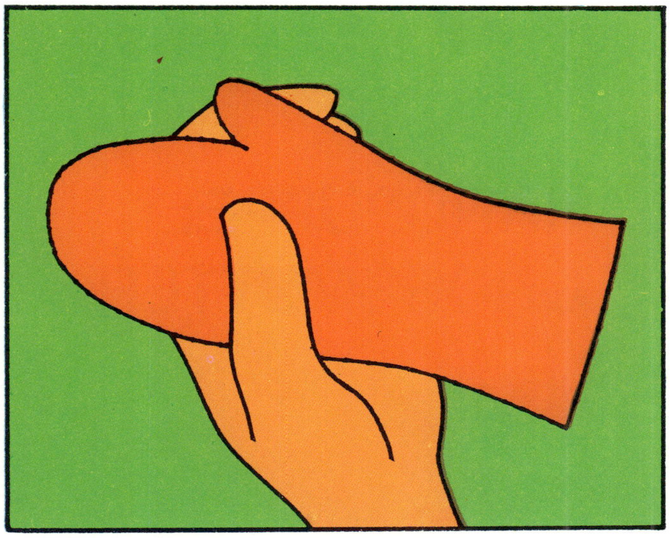

HÄNDE:

Der Schnitt für die Hände ist auch für alle Figuren gleich.

Schneide für jede Puppe vier Formen wie diese aus. Jede Hand besteht aus zwei Teilen, die zusammengenäht und mit Watte gefüllt werden.

HANDPUPPE: GROSSMUTTER

KOPF:

Schneide aus Filz zweimal die Form **A** aus.

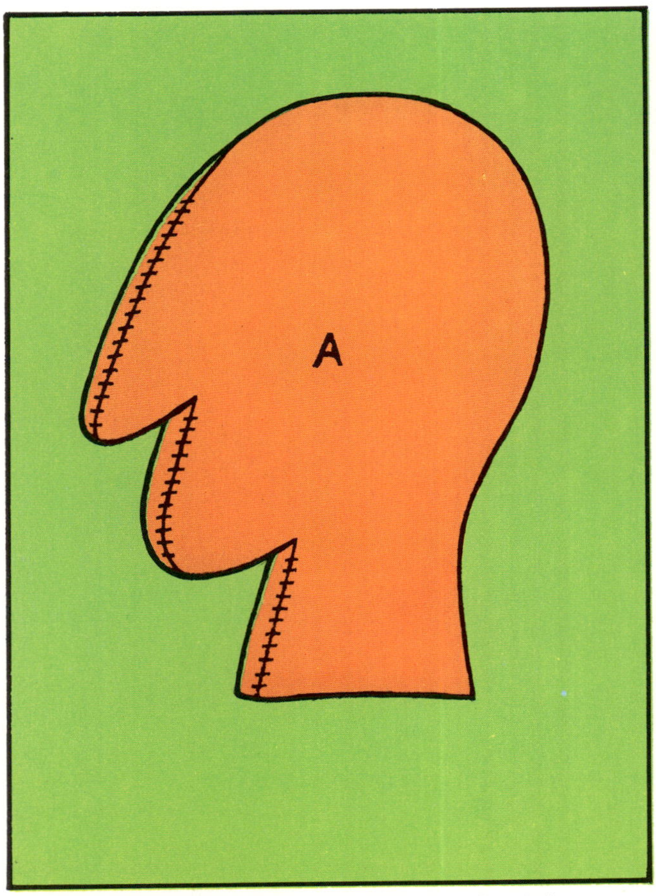

Lege Teil **B** zwischen die beiden Teile **A** und nähe sie mit feinen Stichen zusammen. Fülle sie mit Watte und schließe die Öffnung. Mache die Haare aus grauer Wolle und das Gesicht aus bunten Filzstücken. Die Brille wird aus Draht zurechtgebogen.

Schneide aus gleichfarbigem Filz die Form **B** aus.

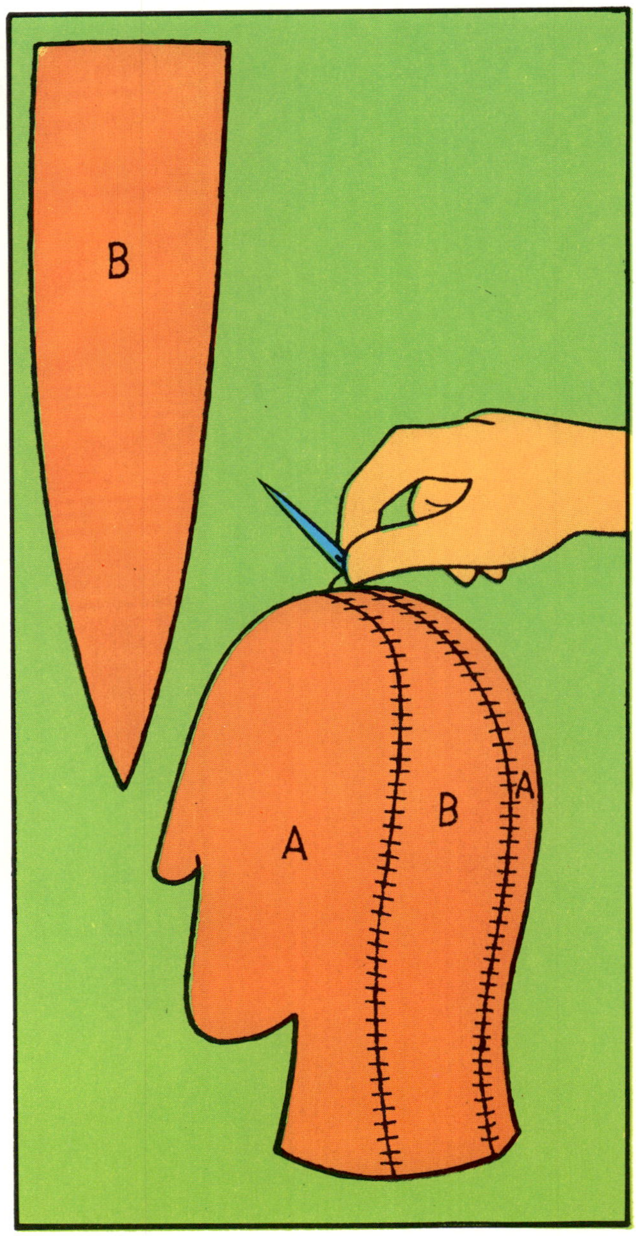

HANDPUPPE: WOLF

KOPF DES WOLFES:

Schneide aus schwarzem Filz zwei Teile wie **A** aus. Nähe sie an den weiß gestrichelten Linien zusammen.

Schneide ein Teil wie **B** aus und nähe es an die anderen Teile entlang der blau gestrichelten Linie an.

Die Ohren werden nach dem oben rechts gezeigten Muster aus schwarzem Filz geschnitten. Nähe sie oben am Kopf fest.

Augen, Zähne, Nase und Zunge werden aus bunten Filzstücken gemacht.

MATERIAL:
- dünner Karton
- weißer, schwarzer und grüner Filz
- Klebstoff
- breites Gummiband
- Schere

MASKE

Schneide aus dünnem Karton zwei Kreise mit einem Durchmesser von etwa 17 cm aus.

Schneide aus schwarzem Filz zwei ebenso große Kreise und klebe sie auf die Kartonscheiben.

Schneide aus grünem Filz zwei Kreise mit einem Durchmesser von etwa 15 cm. Schneide in der Mitte die Augen aus, wie es das Bild zeigt. Klebe die grünen Kreise in die Mitte der schwarzen Filzkreise.

Schneide aus weißem Filz die Augen, sie sind etwas kleiner als die aus grünem Filz herausgeschnittenen Stücke. Klebe die Augen auf.

Klebe einen kleinen Kreis aus schwarzem Filz in die Mitte der weißen Form.

Klebe auf den grünen Filz noch ein paar schwarze Filzstücke, wie auf dem Bild rechts gezeigt.

Mache einen Ring aus Gummiband, der um deinen Kopf paßt. Klebe das Gummiband, wie auf dem Bild rechts gezeigt, vorne an die Rückseite der beiden Scheiben.

Wenn du nun noch kleine Löcher zum Durchschauen machst, kannst du dir die Maske aufsetzen.

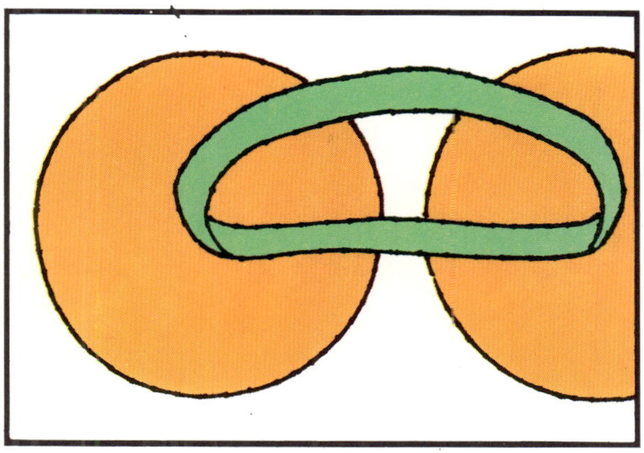

MATERIAL:
- **grobes Leinen**
- **Nadel und Faden**
- **verschieden gemusterter Stoff**
- **Schere**

TASCHE

Für das Futter der Tasche schneide ein 30 x 60 cm großes Stück Leinen zurecht.

Schneide achtzehn 12 x 12 cm große Vierecke aus verschieden gemustertem Stoff. Nähe sie von links zusammen, jeweils drei nebeneinander und mit einer 1 cm breiten Naht.

Für die Henkel der Tasche schneide zwei doppelte Streifen aus grobem Leinen.

Nähe das Futter auf das Rechteck aus Stoffquadraten.

Falte das Rechteck in der Mitte mit dem Futter nach außen. Nähe die Seiten entlang der gestrichelten Linie zusammen. Zum Schluß wende die Tasche.

MATERIAL:

- Pappschachtel
- dünner Karton
- braunes Glanzpapier
- Schere
- Klebstoff
- Kordel
- Bleistift

ELEFANT

Auf den folgenden Seiten zeigen wir dir mehrere Tiere, die aus Pappschachteln gebastelt wurden. Das erste ist ein Elefant.

Beklebe die Schachtel mit braunem Glanzpapier.

Übertrage die unten und auf der nächsten Seite gezeigten Muster mit Bleistift auf die einzelnen Seiten der beklebten Pappschachtel.

Klebe Kordel entlang der Linien der Muster auf. Mache die Ohren aus Kordelspiralen, die du an beiden Seiten des Kopfes anklebst.

Gesicht

Hinterteil

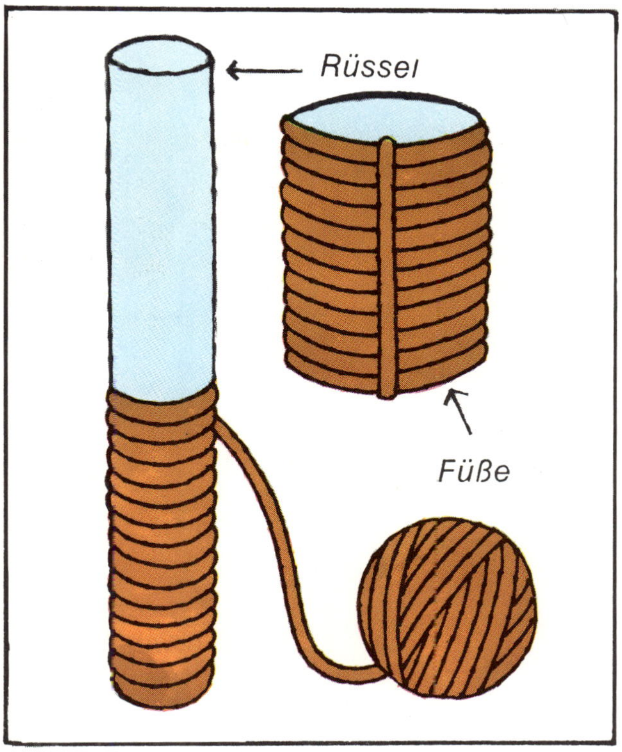

Für Rüssel und Füße schneide Rechtecke aus dünnem Karton. Rolle sie zu Röhren und umwickle sie mit Kordel.

MATERIAL:

- Pappschachtel
- Glanzpapier
- dünner Karton
- Schere
- Karton
- Kordel
- Klebstoff
- Draht
- Bleistift

LÖWE UND HAHN

Zuerst wird der Löwe gebastelt. Beklebe eine Schachtel mit Glanzpapier. Übertrage mit Bleistift das unten gezeigte Muster. Klebe Kordel entlang der gezeichneten Linien auf.
Die Beine sind kleine Röhrchen aus dünnem Karton, die mit Kordel umwickelt werden. Die Ohren sind Spiralen aus Kordel, die an den Kopf geklebt werden.

Für den Schwanz schneide drei oder vier Kordelstückchen ab, knote sie zusammen und klebe sie wie hier an den Rumpf des Löwen.

Jetzt kommt der Hahn an die Reihe. Beklebe noch eine Schachtel mit Glanzpapier.

Zeichne auf jede Seite der Schachtel ein Muster wie auf dem Bild. Klebe Kordel entlang der Linien auf.
Der Hals des Hahns besteht aus einem rechteckigen dünnen Karton, der zu einem Röhrchen geformt wird. Die Füße sind aus Draht, der mit Kordel umwickelt wird.

Mache den Schwanz aus vier Stückchen Draht, die mit Kordel umwickelt werden, und klebe ihn an. Kamm, Kopf und Schnabel werden auch aus Draht und Kordel gemacht und an der richtigen Stelle angeklebt.

MATERIAL:

- Leinenstoff
- Karton
- Schere
- Klebstoff

SCHALLPLATTENTASCHE

Schneide aus Karton ein Rechteck aus, das etwas breiter ist als der Durchmesser einer Langspielplatte und etwas länger als zwei nebeneinanderliegende Schallplatten Platz brauchen.

Ziehe in der Mitte des Rechtecks eine Linie. Ritze mit dem Messer 1 cm links und rechts von der Mittellinie zwei weitere Linien.

Knicke den Karton entlang der beiden eingeritzten Linien.

Falte den Karton auseinander. Schneide aus Leinen zwei Rechtecke in der Größe des Kartons. Beklebe damit den Karton von beiden Seiten.

Schneide noch ein Stück Leinen zu, wie es hier in rot gezeigt ist. Wie du siehst, ist es kürzer und breiter als der Karton. Klebe dieses Leinenstück auf den Karton. Mache dabei wie hier an den Kanten Falten in den Stoff, so daß er gut paßt.

Mache eine Schlaufe aus Leinen mit einem Druckknopf, damit die Schallplattentasche geschlossen werden kann.

MATERIAL:

- Zirkel
- Lineal
- Bleistift
- Wolle in verschiedenen Farben
- Klebstoff

VERZIERUNGEN FÜR DIE SCHALLPLATTENTASCHE

Hier zeigen wir dir, wie du die auf den vorigen Seiten gezeigte Schallplattentasche verzieren kannst.

Zeichne auf das Leinen einen Kreis mit 12 cm Durchmesser. Ziehe eine Linie von **P** nach **H** und unterteile sie in sechs gleiche Abschnitte, die auf dem Bild mit **A, B, C, D** und **E** markiert sind.

Setze die Zirkelspitze auf **A**, die Bleistiftmine auf **B** und zeichne einen Halbkreis von **P** nach **B**.

Nun setze die Spitze auf **B**, die Bleistiftmine auf **D** und zeichne einen Halbkreis von **D** nach **P**.

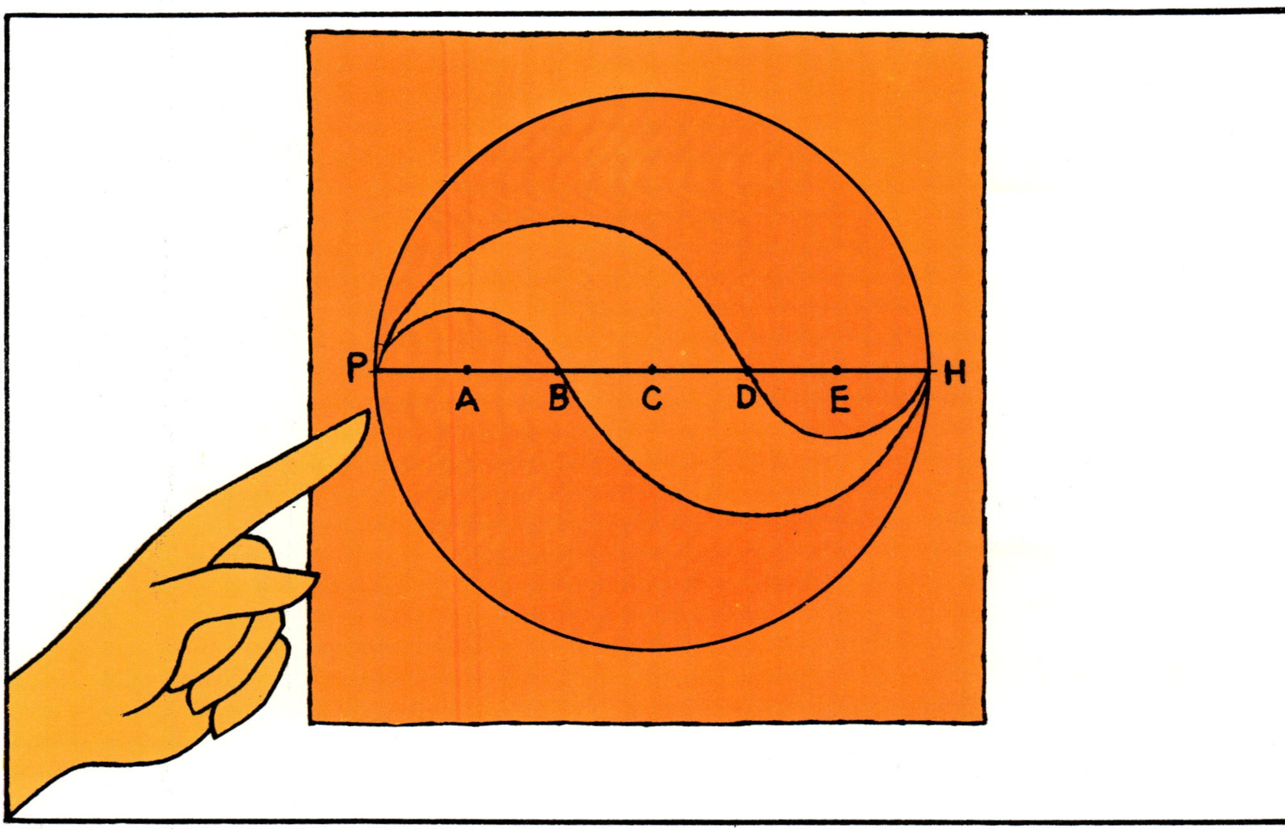

Nun nimm **D** als Mittelpunkt und zeichne nach unten einen Halbkreis von **B** nach **H**.
Zum Schluß wähle **E** als Mittelpunkt und zeichne, ebenfalls nach unten, einen Halbkreis von **D** nach **H**.

Fülle den mittleren „S“-förmigen Teil wie hier mit lila Wolle aus, die du auf das Leinen klebst.
Fülle den Rest des Kreises mit weißer Wolle, die übrige Fläche mit roter Wolle aus.

Für die Rückseite der Tasche kannst du das gleiche Muster verwenden oder dir ein neues ausdenken.

MATERIAL:

- Karton
- Schere
- Leinen
- Klebstoff
- Kordel
- Bleistift
- Nadel und starkes Garn

HENNE

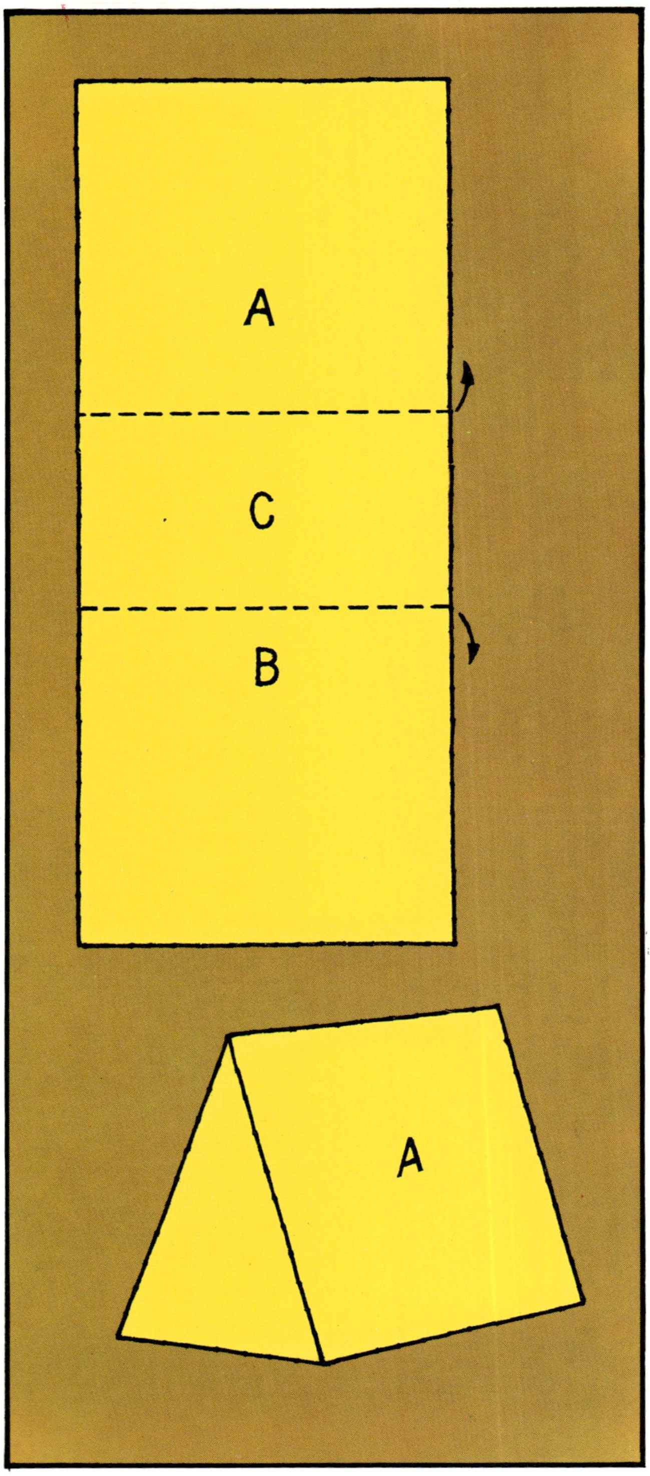

Schneide aus Karton ein Rechteck aus, das 40 x 15 cm groß ist.

Falte den Karton entlang der gestrichelten Linien in Pfeilrichtung. Teil **C** ist der Boden der Henne.

Schneide zwei Dreiecke aus Karton, die in die Öffnungen des Körpers hinten und vorne passen.

Klebe auf alle drei Teile Leinenstoff, verziere sie so:

– Übertrage die auf der nächsten Seite gezeigten Muster auf die entsprechenden Teile.

– Nähe die Teile mit kleinen Stichen und starkem Garn zusammen.

– Zuletzt klebe auf die Linien des Musters Kordel.

Schwanz, Schnabel und Kamm kannst du aus Kordel formen und, wie auf dem Bild rechts gezeigt, am Körper der Henne festkleben.

Verzierung der beiden Dreiecke vorn und hinten

Verzierung des Rechtecks
Wir zeigen nur die Teile **A** und **C**, weil **A** und **B** gleich sind.

INHALT

4 bis 6 Jahre

6 bis 8 Jahre

8 bis 10 Jahre

10 bis 12 Jahre

12 bis 14 Jahre